Me casé 2 veces con el mismo hombre

Maria Delgado

Para realizar pedidos de este libro, contacte con:
Palibrio LLC
1663 Liberty Drive
Suite 200
Bloomington, IN 47403
Gratis desde EE. UU. al 877.407.5847
Gratis desde México al 01.800.288.2243
Gratis desde España al 900.866.949
Desde otro país al +1.812.671.9757
Fax: 01.812.355.1576
ventas@palibrio.com
526127

Introducion

Mi primer matrimonio, mi primera experiencia, la primera vez que me case no entendía el verdadero valor o significado que es un matrimonio, todos cometemos errores unos más que otros pero eso no nos hace diferente a los demás. Nadie es perfecto, nadie es completamente bueno, ni completamente malo, en esta historia se darán cuenta de lo que yo tuve que pasar para entender muchas cosas que antes yo no entendía y ojala les pueda ayudar a cada uno de ustedes la experiencia que yo viví y que vivo cada día. Todos pasamos por casi lo mismo en nuestros matrimonios, y espero que sea de bendición para todos los que lean este libro y les ayude a mantener sus matrimonios sanos y saludables, tanto para ustedes como para sus hijos y familias que les rodean. Hay que dar un ejemplo y darlo bueno porque nosotros somos el reflejo de nuestros hijos en el mañana, hagamos la diferencia y digamos que si se puede ser feliz siendo una persona casada.

Al leer este libro se darán cuenta que la felicidad esta en uno mismo no en los demás, por favor cuando lo lean traten de leer despacio asiendo pausas y reflexionando, este libro es para reflexionar y para pensar, espero que les ayude mucho a todos y si necesitan algunos consejos no duden en escribirme a la siguiente dirección que con mucho gusto les podré ayudar y darles mis mejores consejos para todos.

¡Muchos abrazos para todos y sean muy bendecidos en sus matrimonios!

Mi correo electrónico es: mariadecruzdelgado@hotmail.com

PS. Contestare los mensajes poco a poco debido al turno de llegada, espero que tengan mucha paciencia en esperar, gracias.

Un pequeño resumen de mi vida

Antes de que lean mi libro quisiera contarles un poco de mi vida. Yo nací en el pueblo de Santurce en el estado de Puerto Rico, mi nacimiento fue un día 7 de Marzo del 1975. Cuando mi madre estaba embarazada de mi por poco me pierde en un accidente automovilístico, pero luego que la llevaron al hospital se dieron cuenta que todavía yo seguía viva. Los médicos no se explicaban por qué yo había sobrevivido en su vientre ya que ella había sangrado mucho acusa del accidente automovilístico.

Me críe hasta los 5 años con mi papa biológico y el resto de mi vida hasta los 18 años con mi mama y cuatro hermanos. Soy la menor de cinco, tengo tres hermanos y una hermana. Desde pequeña solo vi a una madre soltera luchando para echar adelante sus cinco hijos. Me gradué de mi cuarto año e inmediatamente me case ya que por problemas económicos de mi familia no pude estudiar una carrera para ese tiempo. Mi primer esposo era un estudiante de la policía. Me divorcie de mi primer esposo porque él me fue infiel con una vecina del mismo vario que vivíamos. En ese tiempo no quería saber más del matrimonio hasta que conocí a mi actual esposo Melvin. Primero lo vi en una iglesia que asistíamos mi mama y yo, luego medí cuenta que era imposible que estuviéramos juntos ya que existía una razón muy grande que iba a impedir que tuviéramos algo más allá que una amistad.

Luego que conocí a mi esposo Melvin tuvimos una relación libre sin casarnos, no vivíamos bajo un techo juntos pero si nos veíamos en distintos sitios a escondidas de nuestros padres, ya que por ser primos segundos nuestros padres nos impedían que nos viéramos y nos teníamos que esconder para amarnos a escondidas. La madre de mi esposo es prima hermana de mi madre. Él y yo solo nos vimos cuando pequeños muy pocas veces y por esa razón nunca nos quisimos como familia. Luego de yo haberme divorciado de mi primer esposo mi madre decide contactarse con esa prima (la madre de mi esposo) para pedirle que me dejara unos días en su casa, porque mi madre tenía miedo de que yo volviera con mi ex marido y lo perdonara. En la casa de la prima hermana de mi mama fue donde me enamore de su hijo Melvin (mi actual esposo) y de ahí en adelante empieza mi historia y las dificultades que tuvimos que pasar él y yo para casarnos y ser felices.

Primero yo caigo embarazada de mi primer hijo Melvin Junior sin casarme con él por el impedimento de las familias, luego Melvin y yo decidimos no luchar más en contra de la corriente y buscar una pareja. Él se buscó una novia y yo busque también un novio para olvidarlo, en busca de olvidar a Melvin me busco un hombre con el cual tuve una aventura y concebí una hija que fue mi segunda hija Génesis, para ese tiempo yo seguía viviendo con mi madre, pero cuando mi madre se enteró que yo iba a tener otro hijo me dijo que me tenía que ir a vivir sola y hacer mi vida. Me mude de la casa de mi madre embarazada de mi hija Génesis, luego al tiempo que mi segunda hija nació Melvin y yo comenzamos a vernos nuevamente. Ahora no teníamos que escondernos como antes porque yo tenía un apartamento y el venía a verme cada vez que él quería o cada vez que él se podía escapar de la casa de su madre ya que esta lo vigilaba y seguía impidiendo que él me viera. Ahí salgo embarazada de mi tercera hija Melanie y fue ahí que tanto su pariente del como mi pariente se dieron convencidos en separarnos y decidieron que si eso era lo que nosotros queríamos pues que nos casáramos.

No fue fácil dejar que ellas en especial mi suegra aceptara mi casamiento con Melvin, pero como el embarazo de mi tercera hija Melanie fue tan complicado (por poco nace sietemesinas Melanie) que él estuvo que quedarse conmigo cuidándome en mi departamento. Fue allí que él me pidió que nos casáramos, para ese tiempo ya éramos adultos y lo podíamos hacer sin permiso de nuestros padres y decidimos hacerlo después que mi hija Melanie nació. Nos casamos la primera vez en Noviembre 13 del 1997.

En verdad yo estaba insegura de casarme con Melvin la primera vez, porque tenía miedo hacer engañada nuevamente, era un trauma que desde mis padres hasta mi primer matrimonio traía asía mi persona. Le deje saber a Melvin que no estaba segura si me casaría con él y no sabía si en verdad lo amaba (yo en ese momento estaba bien confundida con tanta cosas de malos recuerdos en mi mente que no sabía si iba a querer casarme otra vez), recuerdo que él se enojó a tal modo que rompió una pulsera en cuero que él tenía en su mano derecha y se fue a solas muy triste. Yo lo pensé a lo largo de dos meses de nacida que tenía nuestra hija Melanie y le dije que nos casáramos porque yo quería hacer las cosas bien y que nuestros hijos nos vieran casados. También tome la decisión de casarme porque éramos cristianos y su madre le insistía que nos casáramos él y yo porque estábamos en pecado.

Les cuento que fue un matrimonio de luna de miel por un año, luego empezamos a pelear todos los días por todo, éramos muy jóvenes para saber cómo llevar un matrimonio y una relación. Yo a él lo celaba mucho, lo seguía a su trabajo, lo veía que él hablaba con muchas mujeres y les daba mucha confianza para que lo tocaran, lo llamaran y eso me molestaba y peleábamos mucho. Melvin era muy mujeriego desde pequeño y eso era algo que a mí me molestaba mucho, lo miraba y me recordaba a mi padre engañando a mi madre y también me acordaba de mi primer matrimonio y eso me atormentaba mucho más. Por tantas peleas llegamos a faltarnos el respeto dándonos golpes, una vez el me dio una bofetada tan fuerte que yo le llame la policía y le puse una orden de alejamiento, pero era una orden que ninguno obedecía nos volvíamos a juntar nuevamente.

Luego yo tuve un problema muy grave con una persona allegada y con una amiga que nos vimos en corte y eso fue algo que nos alejó mucho a Melvin y a mí. Fue un problema muy serio ya que esa persona había tocado las partes privadas de mi hija. Ya yo había tenido mi último hijo Héctor cuando eso había pasado y mi hija tenía tres años de edad cuando ella misma nos lo contó a mi esposo y a mí un día sentado viendo la televisión en la sala de la casa de mi suegra. No lo podía creer pero era una niña de tres años diciéndolo que yo le creí a mi hija y me aleje de Melvin y de su familia y me fui a vivir con mis cuatro hijos a la casa de mi madre.

La diferencia entre Melvin y yo era que su familia tenía dinero y mi familia no. Eso me hizo sentirme sin salidas ya que un día mi propio esposo me invita a salir con los niños y cuando vengo haber él me llevaba en manos de un familiar que me estaba esperando en servicios sociales inventando mentiras a una amiga que conocía para que me quitaran todos mis hijos. Me acuerdo como hoy que yo mire a mi esposo y le dije delante de la mujer que trabajaba en servicios sociales que si él me amaba como él me había dicho un día que me amaba que dijera la verdad. Su pariente junto con personas de la iglesia estaban allí apoyando la mentira que habían dicho en mi contra. Su pariente lo hizo solo para salvar a la amiga (la que había tocado a mi hija) para que no fuera a la cárcel.

Yo mire a la mujer de servicios sociales y le dije, no te voy aceptar que yo he maltrato a mis hijos porque no es cierto y si tú quieres me vas a tener que meter presa porque no dejare que te los lleves o que los alejes de mí y mucho menos que se los entregues a otra persona. Luego mi esposo empezó a contar la verdad y dijo que no era cierto lo que su pariente y sus amigos estaban diciendo de mí, la mujer me parece que estaba comprada por su pariente porque con todo y lo que mi esposo le dijo ella quería ponerme en una probatoria de maltrato a menores de edad. Yo le dije a esa mujer me voy de aquí y me voy con mis hijos y no te voy a firmar esos papeles porque yo no voy aceptar que yo los maltrato, porque no es verdad, seguí discutiendo con ella hasta que ella asedio y me tuvo que dejar en libertad con mis hijos. Luego de unos días voy donde un abogado para que me diera un consejo y le explico todo lo ocurrido (el abogado era uno de servicios legales ya que no tenía como pagarme uno propio). Ese abogado medio un consejo que aun hoy día lo recuerdo, él me dijo; tu hija no ha sido abusada sexualmente, solo fue tocada y molestada, luego siguió diciendo; esta familia tiene mucho dinero y ellos van hacer de todo para que tu quedes mal y no ganes la demanda… hay muchos casos de estos que duran muchos años para que salga la condena y la verdad y muchas veces no sale lo que uno quiere, no es justo que tu hija que ahora es pequeña tenga que repetir esta misma historia hasta cinco años o más que dure este caso para aclararse cuando tú te puedes ir lejos y hacer una vida nueva lejos con tus hijos que aún son pequeños y tu hija que ahora es pequeña no va a recordar lo sucedido y va a olvidar todo…luego me miro y me dijo; si quieres una hija con una mente saludable vete y as lo que te he dicho sino as lo que quieras hacer. Yo le contesto que sí que yo quiero y deseo hacer eso que él me decía pero que me ayudara hacer los papeles necesarios para poderme ir con mis hijos fuera del país.

Ese abogado me ayudo bastante, me ayudo que yo me pudiera ir con mis hijos fuera del país sin tener que pedirle permiso a mi esposo para sacarlos fuera, ya que por la probatoria que Melvin tenia aquella vez que me golpeo por violencia doméstica me permitía salir del país sin su permiso. Me fui muy lejos de mi esposo Melvin con mis hijos buscando un futuro mejor en los estados unidos pero sufrí mucho sola con ellos ya que estaba rodando de casa en casa con mis hijos y de estado en estado, porque donde quiera que fuera con mis hijos yo molestaba. Primero fui a Rhode Island a casa de un hermano y su familia, me trataron muy bien pero ellos tenían siete hijos y por el poco espacio decido irme a un lugar de gente desamparada que viven en las calles y cuando llego allí no tenían espacio para mí y para mis hijos, estaba todo lleno, me dejaron en un cuarto vacío con mis maletas, Mi bebe dormía en su coche y yo y mis otros tres hijos dormimos en el piso con unas sábanas que ellos me dieron esa noche. Así pasamos tres semanas durmiendo en el piso con mis hijos, mi cuñada me buscaba para que me bañara en su casa por el día ya que el sitio donde yo estaba era muy sucio y podía coger una enfermedad porque allí dormían personas de la calle que usaban drogas. Así pase largas semanas de día me buscaba mi cunada y de noche me dejaba en aquel horrible sitio para ver si me daban ayudas del gobierno que tanta falta me asían.

En eso me comunico con un hermano que tenía yo en Philadelphia Pennsylvania y le cuento lo que estaba pasando con mis hijos en aquel sitio y el decide irme a buscar y traerme con él a Philadelphia. Mi hermano fue y me busco con un amigo que tenía una van grande y monto todas las maletas y tuvimos un viaje de 8 horas para llegar a Philadelphia pero al llegar fue un alivio muy grande y una felicidad inmensa. Empiezo a buscar las ayudas del gobierno y no me las querían dar, pensaban que yo mentía porque estaba viviendo en un sitio que era de personas italianas y pensaban que yo también lo era, luego de tres meses me aprueban las ayudas. Buscar las ayudas y vivir una nueva vida en un sitio que uno no conoce es bien difícil. Tuve problemas porque no hablaba inglés y me fui a estudiarlo, luego el clima no me gustaba porque era muy frío o muy caliente. Muchas veces me dieron ganas de volver a mi isla donde nací pero de pensar el dolor que viví allí no quería volver y me acostumbre a vivir en los estados unidos.

Luego de un tiempo Melvin se contacta conmigo por teléfono para saber de sus hijos y les digo que estábamos bien. Luego que el me engancha el teléfono me llama una ex jefa de él que yo siempre le dije que ella y el tenían algo a mis espaldas y me dice que ella estaba embarazada de él y estaba por dar a luz un hijo varón. En ese momento se me vino el mundo en sima pero me dije si yo he hecho tantas cosas solas con mis hijos puedo seguir asía delante sola y me seque las lágrimas porque me dolió mucho la noticia y decidí olvidar y seguir asía delante. Luego con el tiempo le pido el divorcio y el viene de Puerto Rico con su mama y nos divorciamos un 13 de Agosto del 2004.

Yo sigo mi vida bien ocupada estudiando y viviendo con mi hermano pero al pasar el tiempo empiezo a molestar en su casa, mis hijos le tocaban las paredes y se las ensuciaban y le rompían las figuras de cerámicas que él tenía en su casa. Mi hermano se llenó de ira y me vota de su casa y de ahí paso viviendo con un amigo que yo estaba conociendo para ver si podíamos ser novios y casarnos, pero de amigos pasamos hacer marido y mujer, porque no tuve mucho tiempo conociéndolo ya que mi hermano me había tirado a la calle con mis hijos, y por la mala experiencia que tuve viviendo en un refugio (el refugio de Rhode Island) que yo no quería volver a ese horrible lugar y pasar lo mismo nuevamente.

Ahora yo les pido que tomen un tiempo y mediten en todo lo que han leído en este principio para que entiendan un poco de la historia que van a leer a continuación y entiendan que mi vida no fue fácil y que tuve que tomar y hacer unas decisiones que fueron muy difíciles de tomar pero que me trajeron la felicidad para mi vida y para el matrimonio que tengo hoy con mi amado esposo Melvin, espero que les guste y se puedan identificar con cada experiencia y mediten en todo lo que lean en este libro.

Capítulo 1

Mi primer matrimonio fue una experiencia inolvidable, muy grande y terrible, es donde paso momentos muy difíciles con mi pareja en donde uno no sabe ni que hacer, ni que decir, ni como actual. Cuando uno es novio uno piensa que está conociendo a la persona pero no es así, para mí fue cuando uno se casa es cuando en verdad empezamos a conocer a la persona que elegimos como nuestra pareja y es ahí que empiezan los primeros problemas matrimoniales.

Mi esposo Melvin y yo cuando nos casamos ya habíamos tenido hijos pero nunca habíamos vivido juntos. Cuando decidimos vivir juntos fue en ese mismo momento que decidimos casarnos y fue allí que empezaron los problemas. No me gustaba la manera que el me trataba, yo pensaba que todo lo que el asía era para molestarme. No me gustaba su carácter, no me gustaban sus regueros en la casa (todo lo dejaba tirado) y pensaba que en vez de una esposa iba yo a ser su sirvienta y eso a muchas de las mujeres nos molesta y eso me molestaba mucho. La convivencia de nosotros fue muy difícil porque tampoco nos dimos mucho tiempo de conocernos, nosotros éramos tan diferentes en casi todo, solo en algunas cosas congeniábamos que era en la música y el sexo, pero en lo demás era un total fracaso. Lo menos que asíamos era conversar y si empezábamos a conversar terminábamos peleando, eso era siempre porque tanto yo como el queríamos tener la razón y decir la última palabra.

Fue muy fuerte mi primer matrimonio porque yo cuando me case yo sabía que él no era el hombre que yo soñé. Yo pensaba que si me casaba con el yo podría cambiarlo a él y fue un error que muchos pensamos hacer porque nadie cambia a nadie, podemos mejorar con el tiempo pero cambiar carácter y personalidad es muy difícil que las personas cambien, pero de eso me di cuenta tarde. Yo pensaba que quizás con el tiempo, con los hijos y con la convivencia el cambie pero yo me equivoque, eso nos trajo mucho más problemas porque medí cuenta que él también me quería cambiar a mí, éramos dos personas con muy mal carácter queriendo cambiar a su conyugue y eso fue imposible, fue desastroso y fue ahí que empezó la violencia verbal entre nosotros, luego empezó la violencia física que fue lo que nos hizo sufrir mucho más de lo que sufríamos al principio. Nosotros nos separábamos por dos días y luego regresábamos y así seguimos por mucho tiempo, dejándonos y ajustándonos, no era una relación saludable, no nos entendíamos, solo peleábamos por todo. Nuestros hijos se afectaron mucho con nuestra primera relación porque fue muy toxica y enfermiza y eso me dolió muchísimo, porque eso es un daño que le hacemos a nuestros hijos sin darnos cuenta, el incluir los hijos en nuestros problemas matrimoniales y que nos vean pelear fue peor aún.

En el matrimonio siempre hay celos y yo era una mujer bien insegura de mi misma y asfixiaba mucho a mi esposo con mis celos, lo llamaba de cada cinco minutos, le buscaba en sus cosas, hasta unas ves llegue a vigilarlo de lejos. Lo que empeoro mis celos fue que mi esposo aparte de yo ser insegura y celosa él era un hombre mujeriego y coqueto lo cual eso me hacía sentirme más insegura de mi misma de lo que yo ya era. No sé si fue por mis celos o porque él era tan mujeriego que unas veces me fue infiel, yo creo que fue por ambas cosas. Cuando uno viene de un hogar destruido por infidelidad eso le trae a uno una cadena de inseguridades que uno no logra confiar en nadie, uno piensa que la historia de nuestros padres se está repitiendo en la nuestra, uno compara la vida de su madre o padre con la que uno está viviendo o también uno compara una ex pareja con la pareja actual y eso complica mucho más la relación presente que uno tiene en ese momento y todo se viene abajo. Mi papa le fue infiel a mi mama y yo ya había tenido novios que me habían sido infieles y eso me traía muchísima inseguridad en mi misma y dudaba mucho de lo que yo podía dar como mujer en ese momento. Muchas veces pensaba que yo podía tener la culpa y eso me angustiaba mucho.

Todo al principio fue bien difícil y lo más difícil fue cuando no le caí bien a un pariente y poco a poco se estaba ganando mi desprecio por las actitudes que tenía conmigo." Todos nos preguntamos; ¿Cómo voy a separar a mi esposo de mi suegra? ufff... Eso sí fue muy difícil yo no sé si la primera vez que me case con él, me case con él o con mi suegra pero me sentí que fue con los dos que me case porque su pariente siempre estaba como el arroz blanco en todos lados. hasta en la comida que a su hijo le gustaba o la que no le gustaba. Mi esposo era el preferido de su mama, hijo único con solo una hermana. Fue muy difícil hacerle entender que nuestro matrimonio se basaba de dos y no de tres personas. Creo que ayudo mucho cuando me mude al extranjero también ayudo mucho a que él se le cortara el ombligo umbilical de su mama pero antes que eso pasara yo llore mucho, porque era una pelea la suegra y yo por su hijo y unos celos que ambas nos hicimos daño la una con la otra. Un pariente trataba de que mi esposo me dejara e hiciera lo que le decían o querían, y yo trataba de que él no hiciera lo que su pariente le decía y eso nos trajo muchísimos problemas muy serios en nuestro primer matrimonio. Trate de ganarme al pariente de mi esposo pero siempre me rechazaba, porque yo no era la mujer que su pariente quería para mi esposo y sufrí mucho. Ese fue uno de mis primeros errores en mi primer matrimonio y mi consejo es no luchar con una suegra es mejor darle la razón a la suegra y decirle a tu esposo que su mama tiene la razón porque llevarle la contraria jamás funciona y una suegra feliz es un esposo feliz y una familia llena de paz. Muchas veces es mejor dejarte llevar por la corriente que nadar en contra de la corriente. La sangre siempre pesa más que el agua y si quieres tener un esposo feliz empieza a tenerle paciencia a tu suegra. Con las suegras nunca es fácil pero con llevar la fiesta en paz se hace la diferencia.

Mi esposo Melvin y yo tuvimos una de esas relaciones enfermizas porque no podíamos estar juntos porque peleábamos mucho, pero separados tampoco podíamos estar. Cuando estábamos juntos nos asíamos mucho daño y también les asíamos mucho daño a nuestros hijos. Cuando estábamos separados sufríamos mucho porque nos amábamos demasiado que nos preocupábamos mucho el uno por el otro y regresábamos a la rueda enfermiza. Pero tanto fue el daño que nos asíamos que un día tomamos la decisión de separarnos y yo me mude a los Estados Unidos para cambiar de ambiente y mejorar mi vida y al quedar sola con mis hijos fue ahí que yo misma le pedí el divorcio y el me lo concedió. Cuando el viajo a Filadelfia para divorciarnos él me dijo; esto va hacer temporal porque tú y yo nos vamos a volver a casar, yo en ese momento estaba muy herida que no le hice ni caso y lo ignore, pero al llegar a la corte y firmar los papeles me dio una sensación que lo amaba pero no podía perdonarlo. Lo que yo no perdonaba era que él había tenido un hijo fuera del matrimonio y eso me dolió mucho ya que con la que él había engendrado ese hijo fue la que me había bautizado a mi hijo menor y fue un dolor muy grande lo que pase al enterarme de que iban a tener un hijo junto. Ese hijo ellos lo habían engendrado al tiempo de yo venir a los Estados Unidos, yo siempre tenía una sospecha de que en ellos había una atracción pero mi esposo siempre me lo negaba y creo que eso me afecto mucho y no me sentía bien conmigo misma y me sentía baja en mi autoestima. Aunque yo sabía que ella era mucho más obesa que yo y más mayor de edad que él y que yo, me preguntaba que él le vio a ella, pero bueno luego lo vi a él tan bien económicamente lleno de regalos caros que ella le hacía y aunque a él nunca le había faltado nada cuando él vivía con sus padres, yo pienso que él se había acostumbrado a todos esos lujos que busco a una mujer que se los pudiera dar.

Casarse por estar mejor económicamente es un error que mucha gente comete, porque no todo dura para siempre en esta vida, ni el dinero, ni las cosas materiales nada superan lo que es amar a una persona sobre todas las cosas. El dinero ayuda bastante pero no compra el amor, ni compra los sentimientos y mucho menos la paz. El dinero no compra la felicidad y ni el amor verdadero. En mi matrimonio nunca hubo ningún interés en el dinero porque en realidad yo no tenía nada, yo era una persona que venía de la pobreza y no siempre teníamos de comer, padres divorciados, me crié con mi mama que vivía solo de ayuda del gobierno, con tres hermanos, una hermana y yo la menor de la casa. Para mi esposo y para mí la única razón de nosotros era y es el amor que nos teníamos y que nos tenemos el uno al otro y eso es lo que nos mantiene siempre juntos en las buenas y en las malas. Un amor que supera todo los obstáculos es un amor verdadero. Nadie dijo que es fácil mantener un matrimonio firme en las malas pero tampoco es imposible, nosotros juramos dos veces en un altar amarnos en las buenas y en las malas y eso lo estamos cumpliendo hasta el día de hoy.

Gracias a la libertad feminista es que vemos más divorcios de hoy en día. Como vemos desde tiempos antiguos el hombre siempre es el que ha querido dominar a la mujer, eso lo leemos hasta en la misma biblia cuando la mujer no tenía derecho a nada y nos sentíamos despreciadas del mundo y de la sociedad. La mujer siempre había dependido del hombre en muchos tiempos antiguos pero eso con el pasar del tiempo cambio. Ahora hemos llegado a un mundo de igualdad luego que tuvimos la liberación femenina que ahora las mujeres no quieren ser dominadas. Ahora la mujer quiere dominar y mandar igual o más que el hombre, es como una etapa de rebeldía o de venganza que la mujer ya no se quiere sentirse humillada como antes lo asían en el pasado los hombres y eso es lo que ha traído muchos de los problemas matrimoniales en este siglo que en el siglo pasado. Para mi esa es una de las primeras razones que yo podría decir que hay más divorcios de hoy en día, porque el hombre al ver que la mujer se liberó ya entran muchos celos y muchas desconfianzas de ambas partes y mucha competencia de quien va primero o quien va a ganar este juego. Tristemente lo digo así es y así fue mi caso, caso que todos pasamos y les pido a las mujeres esposas que por favor no hagan eso a sus maridos porque a uno no le gusta ser esclava de ellos y a ellos menos les gusta, la venganza nunca es buena mata el alma y la envenena dice un dicho y es muy cierto, nosotras siempre debemos de ponernos en el lugar del otro para entender mejor la situación de cada uno y es así como todo va a mejorar y funcionar, porque les digo no hay otra manera mejor de que se entiendan si nunca te pones en el lugar de tu pareja que está a tu lado recibiendo el trato que le estamos dando. Lo mejor que podemos hacer es ayudarnos mutuamente con las tareas del hogar y más si ambos trabajan, mas hay que ayudar en la casa, la carga no es de uno solo es de ambos, pero si él no lo quiere hacer díselo con amor y si aun

María Delgado

diciéndoselo no lo hace hazlo tú y muéstrale que te dolió haberlo hecho sin su ayuda pero sin pleitos, sutilmente lograremos mucho más.

Los hijos es una de las más grandes razones para que la pareja tenga problemas y dificultades, los hijos cuando van creciendo van aprendiendo a saber quién es el más que los consiente y de eso muchos se aprovechan, eso puede crear divisiones y enfriamiento en las parejas. Las parejas cuando van a tener hijos deben de ponerse de acuerdo en cómo van a criar a sus hijos para que eso no afecte en su relación de pareja, por ejemplo; dormir con los hijos es un error que pueden cometer y que cometen muchos padres y madres, ya que la pareja desea intimidad y si un hijo o hija duerme con ellos eso va a ser un obstáculo para que ustedes tengan su intimidad y va a crear enfriamiento en la pareja poco a poco hasta que no allá nada y muera la relación y venga la separación. No ponerse de acuerdo en la disciplina de sus hijos es un error grandísimo, ya que si uno de los dos castiga a su hijo no deben de llevarle la contraria quitándole el castigo y menos pelear frente a sus hijos. Cuando mi esposo castiga a uno de mis hijos sino me gusto el castigo que él le puso a uno de mis hijos trato de dejarle saber a él en una conversación en privado y le digo a él porque no me gusto el castigo, pero nunca de frente a ellos. Casi nunca hemos tenido problemas con los castigos de nuestros hijos mi esposo y yo, ya que siempre hablamos primero antes de exponerles un castigo a nuestros hijos y les puedo asegurar que es lo mejor que pueden hacer ponerse de acuerdo en un castigo para que eso no les traiga problemas en su matrimonio, porque los problemas familiares influyen mucho y enfrían el amor en la pareja y trae mucho sufrimiento.

Nunca discutan delante de sus hijos, esperen por un tiempo que estén solos en el cuarto o en la casa para hablar temas fuertes. Mis hijos quedaban asustados cuando se despertaban y nos veían discutiendo, mi esposo y yo hemos tenido que aprender mucho hacer cada día mejor las cosas para que nuestros hijos no se afecten con nuestros problemas de pareja. No es bueno incluir a sus hijos en problemas de pareja, porque cuando uno se contenta con su pareja los hijos quedan afectados por tu hacerle saber el problema que tuviste con su papa o pareja que tengas en ese momento, lo mejor es que hables con una persona profesional que te ayude a resolver el problema de pareja o desahogarte con un amigo o alguien de tu confianza, pero nunca con un hijos o hija, porque a ellos les va afectar mucho más emocionalmente que a ti.

Capítulo 2

Una de las cosas que debemos saber es que cuando nos casamos la mujer es un punto muy importante para que el matrimonio progresé o se destruya, el matrimonio está más en las manos de la mujer que en las manos del hombre. Muy pocos son los hombres que toman las riendas del hogar, entonces está en la mujer de tomar las riendas en el hogar, pero no en todas las decisiones, solo en las del hogar. Nosotras como mujeres debemos de hacer que el hogar sea el sitio más deseado de nuestros maridos. No es bueno esperar el marido con peleas y problemas, siempre hay momentos para todo en la vida, si él llega cansado espera que descanse y conversa con el los problemas que están pasando y como se pueden resorber, de no poderse resorber es mejor que busquen ayuda a una persona profesional para que les ayude a resorber los problemas.

El hombre siempre es más duro en que acepte ir a buscar ayuda a un profesional, su ego es de naturaleza, no se olviden de lo que hablamos en el capítulo uno, el hombre desde su naturaleza ha querido dominar y a veces eso los hace sentir menos hombres incapaces de resorber sus problemas sean económicos, familiares o de pareja. Un hombre es como otro hijo en nuestras vidas, con la diferencia que es más grande y se quiere mandar, no que lo estén mandando. Yo muchas de las veces aburrí a mi esposo porque yo quería mandarlo hacer todo. Al principio de casados hasta a bañar lo mandaba, es chistoso pero las mujeres mandamos mucho y aburrimos muchas veces, mi consejo es que mandemos menos y hagamos más para ayudar o cambiar la manera de mandar que no parezca que los estamos mandando, por ejemplo le puedes decir; mi amor me molesta que dejes los zapatos en la sala, ¿puedes ponerlos en su lugar? Lo que yo digo es que uno puede decir muchas cosas pero tiene que aprender a como decirlas para que no sean motivos de discusiones. La mujer tiene que ser muy paciente, así como tenemos paciencia con nuestros hijos para que ellos aprendan a caminar, correr, ir al baño etc. Así también es lo mismo con un hombre y para eso hay que saber que tanto lo amas, porque a un hijo sabemos que lo amamos y por eso tenemos esa paciencia de esperar, ahora, ¿qué tanto amas a tu esposo para tenerle la misma paciencia que con un hijo? De no ser así no es amor lo que sientes por él. El amor todo lo puede, todo lo soporta y todo lo espera. Yo sé muy bien que no es fácil amar de esa manera es por eso que todos pasamos por divorcios buscando la pareja ideal o perfecta. Te digo algo la pareja ideal y perfecta no existe, nadie es perfecto, lo que un hombre tiene de bueno, otro hombre lo tiene de malo, lo que el otro tenia malo este lo tiene de bueno, tardaras toda tu vida buscando esa persona "ideal" o morirás esperando, pero nunca va a llegarlo que esperas de perfecto porque simplemente "NO EXISTE". La persona ideal la tienes o la tenías de frente y no te habías dado cuenta, si fue esa persona con la cual te casaste y te divorciaste por no tener le paciencia y amor o por otras mil de excusas que puedas poner en este momento para no sentirte culpable.

Yo lamentablemente medí cuenta después que me divorcie, luego de eso me uní con otra persona en una relación libre. Yo pensé que esa persona era la ideal porque teníamos muchas cosas en común, nos parecíamos mucho, teníamos los mismos gustos, nos gustaba lo mismo, era tan atento conmigo que yo pensé que era mi pareja ideal, pero me equivoque. Nos gustaba tanto las mismas cosas que al principio lo vimos como bueno, asíamos la compra juntos, él nunca se olvidaba de lo que hacía falta en la casa, siempre atento a lo que hacía falta, a veces nos vimos comprando lo mismo de tan parecidos que éramos, traíamos las cosas dobles, tanto parecido que a veces hasta se dañaban las compras. Yo me aburrí de el por ser tan parecido a mí... no había nada que hacer, ni que hablar, ni que preguntar. La diferencia yo digo que hace falta y da placer, ¿porque que serían de los restaurantes si cocinarán lo mismo y con la misma receta? o tu por ejemplo, ¿comerías lo mismo todos los días? ¡Verdad que no! Bueno pues es en la diferencia que se izó el sabor de la vida y en el gusto en la cocina, así que si usted estas pidiendo alguien igual que tú, ten mucho cuidado, al principio gusta pero luego te va empalagar como fue así mi caso... Luego empezó entre él y yo la competencia en la cocina, ¡dos cocineros imagínate! Si yo era celosa antes, con este hombre nunca lo fui, porque él era tan celoso que no me daba tiempo de celarlo yo a él. Lo más malo fue que los celos se convirtieron en una enfermedad obsesiva, tanto que él quería cambiar hasta mi manera de vestir, también quería cambiar mis amistades, mi manera de ser, en fin todo. Fue ahí donde entendí que yo no había sido buena esposa con Melvin mi (ex esposo), porque pensé que tal vez yo lo asfixie con mis celos como este hombre lo estaba haciendo conmigo. Tanto fueron sus celos que no me dejo amarlo, esos celos me alejaban cada día más de él. Le llegue a tener pánico, empecé a mentirle por miedo de sus celos y hasta yo pensaba en otros hombres por su misma inseguridad, porque eso me hizo pensar en mis inseguridades y también en mi primer matrimonio con Melvin y eso me hizo reflexionar en lo que yo estaba mal.

Yo en esa relación aprendí mucho, me enseñó a cambiar mi manera de ser y a dejar mis antiguas costumbres, como el problema de celos e inseguridades que yo tenía. Dejar a esa persona me costó mucho trabajo, porque él no quería dejarme ir, pero yo no quería seguir con esa relación ni un día más. Un día que mi hermana vino a visitarnos y él se llenó de muchos celos y saco un cuchillo para mi hermana fue donde me vi obligada a llamar la policía para que lo sacaran de la casa. Fue muy fuerte saber y darme de cuenta que lo que tanto uno desea se puede convertir en un verdadero infierno. Luego de estar sola quise ir en busca de mi ex- Melvin pero él también estaba en otra relación y era muy pobre la comunicación entre él y yo que no pude tener en ese momento ningún contacto con él ya que él había cambiado su número de teléfono y tampoco sabía su dirección postal. Fue muy difícil volver con mi ex Melvin ya que él había hecho su vida y estaba en una relación amorosa con otra persona. Me quede en espera de que el decidiera volver por el mismo y me puse en meditación con Dios, en verdad la fe y la oración me ayudaron mucho a poder esperar el tiempo que fuera necesario por mi ex pareja. Aproveche el momento de espera para sanar por dentro todas las heridas que el pasado me había dejado, pase por el desierto de la soledad que fue muy difícil ya que soy madre de cuatro hijos y es muy duro criar en estos tiempos tan difíciles y peor aun siendo una madre soltera…muchos hombres vinieron a pretenderme y fue un mar de confusiones lo que pase, porque quedarse sola una mujer joven es bien difícil y con mucha necesidad económica peor.

Decidí entregarme a mis hijos, a cuidar de ellos y a darle buen ejemplo. No quise ponerle más padrastro, quise darme un tiempo libre para pensar y esperar, la espera es algo que yo llamo como un desierto, porque uno puede morir en el o atravesar el mundo y seguir viviendo…lo que uno nunca sabe es si va a sobre vivir en ese terrible desierto o fracasar en él. La espera me trajo dudas, miedos y desesperación....ahí fue cuando entre en una profunda depresión y me empezó a dar ataques de pánico. Esa etapa de mi vida me marco, pensé en mis hijos y me dije: ¿qué será de ellos si algo me pasa?...un día logre comunicarme con Melvin, porque él me llamo para preguntarme por sus hijos y aproveche el momento para decirle que se llevara los niños con el porque me sentía muy mal de salud ya que estaba bien depresiva y me dijo que no podía, porque él no tenía espacio en donde él vivía para sus hijos y tuve que seguir asía delante con mi vida y con mis hijos yo sola. Luego fui a buscar ayuda profesional donde un psicólogo y terapeuta mental y ellos me ayudaron bastante, también me metí mucho en oración y eso me ayudo bastante a superar el desierto que estaba pasando sola con mis hijos. Gracias a Dios me recupere de aquella profunda depresión y pude darle la atención y el cariño que mis hijos necesitaban.

Para una navidad Melvin visito nuestra casa para traer regalos a sus hijos y yo busque una oportunidad para hacerlo caer en la cama conmigo, (cosa que él tampoco se retuvo) caímos los dos e hicimos el amor como siempre y con furia loca y ardiente, pero cuando terminamos veo que él se arrepiente y me menciona a su pareja actual en ese momento y me dice, no sé porque caí y estuve contigo, si yo estoy bien con mi pareja. Le pregunto, seguro que estas bien con ella, me respondió que sí. Le pedí que se quedara conmigo y que no se fuera, pero él se negó y volvió con la otra persona esa misma noche. Yo como él me había dado su nuevo número de teléfono, una noche me propuse llamarlo para tentarlo a que regresara conmigo, pero cuando lo llame lo cogió la pareja que el tenia y yo le pregunte por él y ella me lo paso. Cuando ella me paso a Melvin al teléfono me doy cuenta que él se había convertido en un hombre frio y sin compasión, él me dice que para que quiero hablar con él y le recuerdo lo que pasamos juntos en la navidad pasada, (ellos tenían el teléfono en alta voz) la mujer lo escucha todo y le dice a el que escoja entre ella y yo. Melvin me dice que el ya no sentía nada por mí y que no me amaba, le pregunte, ¿estás seguro de que ya no me amas o lo dices porque estas al frente de ella? y me dijo, yo a quien amo es a ella y por eso no me quede contigo aquella noche que hicimos el amor….yo al escuchar eso me destruyo el corazón y con lágrimas en el rostro colgué el teléfono y jamás volví a molestarlo. Una palabra muchas veces duele en el alma y quedan guardadas en el corazón, vuelvo yo al mismo desierto a perdonar y a olvidar, pero ¿cómo olvidar esas palabras cuando la persona que tanto amas te dice que ya no te ama? Yo tenía que volver a ese terrible y espantoso desierto otra vez, donde no hay nadie que te de un vaso de agua cuando te estas muriendo de sed, donde no hay quien te levante cuando te has caído, donde solo tú tienes que secarte tus lágrimas y coger fuerzas para seguir adelante y seguir caminando para no morir en ese espantoso desierto.

Pues lo hice, me levante, me seque las lágrimas y seguí adelante, primero por mí misma y luego por mis hijos. Si por mí misma primero porque si uno no lo hace por uno mismo uno vuelve a caer en el circulo vicioso donde uno nunca sale adelante, porque para que alguien te amé primero tú te tienes que amar tú misma, para que alguien te valore primero tú tienes que valorarte, para que alguien te tome en cuenta primero tú tienes que hacerte notar que estas vivo y que sigues de pies pase lo que pase… y fue eso lo que tuve que aprender en ese horrible desierto, donde nadie le gusta entrar y donde muchos cogen un atajo para llegar más rápido al otro lado, pero cuando sedan de cuenta están más atrapados en su dolor y en un pasado que no han podido ser felices jamás y también que ese pasado los seguirá destrozando por toda su vida por no haber querido entrar en el desierto solos y tomaron decisiones a la ligera que le costaron muy caros hasta el día de hoy. Porque hasta que uno no aprende a perdonar y a perder hoy para ganar en el futuro nunca triunfara. Somos tontos porque debemos de amar y perdonar para poder abrir un nuevo capítulo en nuestra vida, porque hasta que no lo hacemos vamos a seguir en el mismo círculo de vida que nos va a amargar nuestras vidas para siempre o hasta nuestra muerte.

Un par de meses después una noche bien temprano en la madrugada recibo una llamada a las 3:00 AM, me levante muy asustada porque a esa hora solo entran llamadas de emergencia, pero para mi sorpresa era mi ex -esposo Melvin pidiéndome perdón y que le dejara entrar a nuestra casa, le dije sin pensarlo; mi amor esta es tu casa, de hace mucho que te estaba esperando. Luego me levanto de prisa y me pongo bien linda para recibirlo y cuando el llego lo vi bien demacrado físicamente y bien triste, estaba flaco y no me pudo mirar a la cara, solo miraba para el piso pidiéndome que lo perdonara y lo abrace bien fuerte, al mismo tiempo le besaba yo su cara y se la levantaba con mis manos para que me mirara a la cara. Fue un momento muy especial y muy emotivo, me sentí muy alegre de verlo nuevamente, para mi esa ves no era como las otras veces que el entraba a nuestra casa y luego salía por alguna u otra discusión, para mi ese día era el día de la decisión final que yo tomaría. Yo tome esa oportunidad que Dios y la vida me estaban dando para rehacer mi hogar nuevamente. Yo ya no quería saber por qué él estaba en mi puerta esa noche, solo quería abrazarlo y sentirlo cerca de mi porque me sentía culpable de nuestra última separación y ese momento fue tan lindo que hasta el día de hoy lo vivo y lo recuerdo con mucho amor y cariño y lo disfruto día a día junto con él y nuestros hijos.

Capítulo 3

Al entrar Melvin nuevamente al hogar, fue un momento muy difícil para ambos, porque él tenía que arreglar su vida sentimental, sus problemas y yo tenía que cambiar la mía y ser más paciente con él, pero ambos decidimos asumir el reto y empezar nuevamente a construir nuestro nuevo hogar juntos como familia. Fue muy difícil volver a empezar como todo en la vida. Empezar de cero nuevamente no es fácil y yo lo sabía pero fue un reto que me atreví hacer y aunque ya nos conocíamos por nuestra primera relación para mi seguía siendo igual o más difícil empezar por segunda vez una relación con él que la primera vez que nos casamos. Yo sabía que esta vez para que perdurara nuestra relación yo debía de ser más comprensiva y más paciente con el que las veces anteriores y evitar que lo que antes me molestaba de él o lo que antes no me gustaba de él no fuera a perjudicarnos en esta nueva relación y fue un paso muy difícil de tomar, fue un reto, pero si me pongo haberlo hoy día digo que si valió la pena y no me arrepiento de nada.

Como les conté en los demás capítulos anteriores yo había pasado por un desierto sola yo y mis hijos y me había ayudado a sanarme por dentro, pero Melvin no había tenido esa oportunidad, el venia de un fracaso, venía muy triste y dolido y yo sabía que el necesitaba tiempo para olvidar y sanar sus heridas. Él había salido muy herido de la relación anterior, él no se había dado el tiempo para sanarse sus heridas y esa etapa fue muy fuerte para mí. Yo tenía que aceptarla o terminar con él y dejarlo ir nuevamente y eso era algo que yo no quería hacer porque lo amaba y amaba nuestro hogar. Yo decidí aceptarlo y luchar para que el me volviera amar más que antes. Sufrí mucho en la espera de que el olvidara a su anterior pareja. Sufrí en silencio no quería que el notara que yo callaba, muchas veces le dije; mi amor yo sé que todavía piensas en ella y creo que todavía la amas, pero él siempre me lo negaba, él me decía que no la quería y que ya la había olvidado. Yo sabía que olvidar a una persona no es fácil y sabía que me mentía al decirme que ya no la amaba. Una de las veces me atreví a decirle que yo no quería verlo más triste que si su felicidad era irse con ella que lo podía hacer, pero me miro, me abrazo y decidió quedarse conmigo, yo creo que en ese momento el sintió mi dolor y entendió por qué yo estaba diciéndole esas cosas. Cuando el decidió quedarse yo me puse en el plan de conquistarlo, me puse hacerle la comida que yo sé que a él más le gustaba, me compre un par de pijamas sexys y lo empecé a tratar como nunca lo había hecho antes, con mucho amor y paciencia.

Yo antes cometía el error que en las discusiones que teníamos le sacaba en cara diciéndole que me dejo sola con sus hijos, que él se había ido con otra mujer etc....Muchas veces yo le traía cosas del pasado que tanto le molestaban. Yo le recordaba a él todo lo malo que él había sido conmigo cada vez que teníamos una discusión y eso es uno de los errores más grandes que hacemos las mujeres muchas veces traer el pasado al presente..., si nos dolió pero ya paso, gracias a Dios estamos vivas, "NO NOS MURIMOS" sufrimos pero seguimos vivas y si dejamos de mirar para atrás lograremos ver asía delante lo hermoso que es la vida, debemos de olvidarlo, si nunca olvidamos el pasado nunca vamos a poder empezar en cero ni ser felices, ni con esta relación, ni con ninguna otra relación que tengamos en la vida. Tanto el como yo teníamos que olvidarnos del maldito pasado que tanto nos hacía daño y nos destruía día a día nuestro hogar. No fue fácil olvidar el pasado pero yo lo hice por amor a él y por amor a nuestros hijos, porque si en verdad uno ama a un hombre y quiere ser feliz con él, uno debe hacer que el pasado quede atrás y enterarlo de una vez, y cada vez que el pasado venga a tu mente, aléjate y vete a solas y reflexiona tu presente lo feliz que puedes ser y jamás compares tu pasado con el presente, porque aunque se parezca tu presente a tu pasado recuerda que decidiste empezar en cero. Aunque el presente te traiga recuerdos de tu pasado olvídalo, hay que pensar que ahora va hacer diferente. En eso uno tiene que pensar que ahora va hacer diferente porque no va hacer el, el que va a cambiar, sino voy hacer yo la que voy a cambiar, ¡si yo!, tu y yo como mujer tenemos que cambiar, si uno mismo no logra cambiar su forma de ser y de pensar dime entonces, ¿Cómo vas a poder querer cambiar a otra persona si tú misma no te puedes cambiar? Uno muchas veces quiere cambiar a la otra persona eso siempre pasa en todos los matrimonios y parejas, pero se le olvida que para una reacción tiene que haber primero una acción y la acción la vas a tomar tú. Si uno va a esperar que otro tome o de el primer paso, la vida va a pasar, días, años, meses y seguirás esperando por toda la vida (Yo espero que si esa es tu situación, seas muy paciente para esperar y ojala no mueras esperando que eso que tanto esperas acontezca).

Entiendo que son palabras muy fuertes y duras las que estás leyendo en este libro, pero eso fue lo que me hizo cambiar a mí y a que mi esposo también cambiara. Cuando él me vio cambiar a mí y vio que ya yo no era la misma persona que el antes conoció, fue ahí que el empezó a cambiar, porque el empezó a ver sus faltas en el mismo, ¡INCREIBLE! Pero muy cierto. El veía que lo que antes me molestaba de él, ahora ya no me molestaban más. Él se sentía raro al verme tan diferente que una vez pensó que tenía yo a otra persona, me pregunto; ¿tienes a otro hombre? Así mismo pasa cuando uno empieza a cambiar ellos también cambian, es raro de entender pero es la realidad.

Una de las cosas que tanto me molestaban de él era que él no tenía un trabajo estable y empecé a tener mucha paciencia y a esperar a que él se decidiera a tener uno por el mismo. Al pasar el tiempo Melvin tuvo muchos trabajos que el dejaba, porque no le gustaban o porque le dolía la espalda o por muchas razones más. Yo muchas veces fui un impedimento que el trabajara, porque me había acostumbrado a que el siempre estuviera conmigo ayudándome en la casa con los niños y muchas veces cometí ese error de querer que el se quedara en casa para que me ayudara. A veces ni nosotras mismas nos entendemos, a veces queremos que ellos hagan algo pero cuando lo hacen queremos que no lo hagan y eso hace que el hombre se canse de nosotras o que se sienta confundido. Tenemos que entender que ellos tienen mucha razón, cuando dicen que somos muy difíciles de entender, porque en verdad si lo somos. Debemos de cambiar, no es fácil pero si nos ponemos en práctica lo lograremos, porque yo cambie y deje que mi esposo tuviera un trabajo estable, lo apoye en su trabajo y en vez de decirle quédate hoy conmigo ahora le digo vete a trabajar y el día que él no va al trabajo él sabe que me molesto y me preocupo mucho porque comprendí que es la única manera de que nuestro hogar eché para adelante.

Cuando el empezó a tener un trabajo estable empezamos a tener problemas económicos y eso nos trajo muchos problemas y discusiones. Ustedes se preguntaran, ¿pero cómo empezaron a tener problemas económicos si el al fin estaba trabajando? Me explico; aquí en los Estados Unidos solo dos grupos de personas viven bien, uno de esos dos grupos son los pobres porque cualifican para todas las ayudas del gobierno y sobre viven. El segundo grupo que vive bien en los Estados Unidos son los ricos, los que tienen mucho dinero porque como ya saben que el que tiene dinero se puede pagar y comprar todo lo que desee, ¿pero qué pasa con la sociedad media?... los que somos de clase media, que ni somos ricos, ni somos pobres. Nosotros éramos esa clase media y el trabajo que tenía mi esposo ganaba muy bien que por esa razón nos habían quitado las ayudas que el gobierno nos daba y ahí empezamos a tener problemas económicos. Ya no teníamos el descuento que nos daban en el Bill de la luz y el gas que antes como pobres teníamos. Tampoco teníamos los cupones de comida y hasta el seguro médico nos habían quitado. Nos sentíamos muy desesperados con esa situación al ver la necesidad de nuestros hijos y la nuestra. Yo me fui a buscar un trabajo para ayudar a mi esposo a pagar los viles de la casa y para que podamos vivir y estar mejor. Mi esposo tenía una condición de salud, él tenía en su espalda dos discos herniados y eso le traía muchas ausencias en su trabajo y mucha dificultad para hacer sus cosas. Yo también empecé con problemas de salud, mi riñón empezó a dolerme porque tenía muchas piedras, también tuve que operarme de mi matriz ya que mi periodo estaba descontrolado y sangraba demasiado al punto de quedarme mareada y sin sangre. Eso fueron momentos muy difíciles que nuestro matrimonio paso, primero de dinero y luego de salud. Mi esposo Melvin y yo estábamos muy desesperados, porque no hay problema más duro que uno pueda pasar que una enfermedad y los dos enfermos era demasiado fuerte para soportarlo. Hay un dicho que dice si hay salud hay vida, ¿pero qué podemos hacer cuando la salud nos falta?...creo que nada. Es muy doloroso pasar una enfermedad solo y por eso yo le doy muchas gracias a Dios porque ni él ni yo estábamos solos pasando una enfermedad, estuvimos juntos y eso nos izó querernos más y apoyarnos mucho más que antes y entender muchas cosas que antes uno no entendía, que el amor puede mucho más de lo que uno se imagina.

Un día me encuentro con una amiga y ella me dice que porque yo no trabajaba cuidando ancianos como ella lo hacía, yo acepte ir a donde ella trabajaba y buscar empleo. Mi amiga un día me llevo a la oficina donde ella trabajaba cuidando ancianos pero allí me dijeron que no tenían ancianos para cuidar pero si yo conocía un anciano que él quisiera que yo lo cuide, esa sería la única manera en que ellos me pudieran dar un empleo. Yo me puse a pensar y me acorde de un amigo que yo tenía que es un anciano que estaba necesitando de mi ayuda, para ese entonces él estaba muy enfermo y necesitaba que alguien lo cuidara. Ramón es el nombre del amigo que pude buscar para cuidar. Ramón es muy buen amigo conmigo y con todos los que le rodean, buen vecino, buen hijo y buen hermano, lamentablemente él nunca tuvo hijos para que lo ayudaran en su vejes. El de inmediato cualifico para yo poder cuidarlo ya que tenía muchos problemas de salud, como alta presión, diabetes, corazón, colesterol etc....Fue la diabetes que le causo un grave problema de salud a Ramón ya que a él le había salido un cayo en su pie izquierdo y no se lo trato a tiempo y eso hizo que el tuviera operaciones en su pie y dejara de trabajar y necesitara de cuidados en su hogar. Entonces yo fui a la oficina a llenar los papeles para poder cuidar a Ramón y de ahí me hicieron ir a otra oficina y fue una lucha y una espera de cuatro meses para obtener el trabajo, pero le doy gracias a Dios que me ayudo a obtenerlo y poder ayudar a mi esposo a pagar las cuentas de la casa.

Una de las etapas más difíciles que el matrimonio pasa es la economía, pero con paciencia y con calma todo se resuelve. Cuando el matrimonio está mal económicamente es un momento de lágrimas y de mucha dificultad y muchas de las veces terminan en divorcio y en separación. Muchos de los matrimonios con problemas económicos amándose se divorcian todos los días. Es muy triste que pasen por un divorcio las parejas, porque yo siempre digo que para cada problema hay una solución, lo más que hay que tener es mucha paciencia y saber esperar hasta que las cosas vengan a resolverse a su tiempo poco a poco, no desesperarse antes la situación sino esperar el tiempo que sea con mucha paciencia y amor. La desesperación trae más problemas, un divorcio por una desesperación es un problema que trae más problemas. Uno piensa que el divorcio es la solución, que un divorcio va arreglar el problema, cuando es todo lo contrario porque en vez de arreglarlo todo se empeora y más si hay hijos en la relación. Saber esperar a que venga la solución al problema nos ayuda a mantener un hogar fuerte. Pensar bien las cosas mucho antes de hacerlas nos ayudara mucho en la vida, así que es mejor pensar bien las cosas antes de hacerlas, que dar un mal paso que nos duela por toda nuestra vida..

Capítulo 4

A lo largo de mi vida he escuchado mucha de las veces que la mujer siempre dice; primero yo soy madre y luego mujer. Lamentablemente ese es otro error que las mujeres cometemos, porque nosotras al ser primero madre estamos poniendo el lugar de esposa a segundo lugar y eso traerá muchos problemas en el matrimonio. No culpo a las que piensan que primero es ser madre y luego mujer porque esa era mi manera de pensar antes y eso fue unas de las tantas razones que me trajo el divorcio. Uno no debes de ser ni primero madre, ni primero mujer, porque para mí las dos son muy importantes y hay que saber separarlas. Por ejemplo les diré que si un hijo llora y no está enfermo, solo está llorando para llamar la atención de su madre y tu esposo te está esperando lo mejor es ir con tu esposo y luego vas a donde tu hijo o hija que solo llora para llamar tu atención. De ser que el hijo o hija este enfermo ambos deben de estar con el niño para cuidarlo pero si el niño lo que quiere es llamar la atención se debe ignorar o tu relación correrá peligro y eso traerá más conflictos en el matrimonio. Engreír a un hijo no es buena idea y dejarle saber que él es primero que su padre, tampoco es bueno, porque a ellos les gusta coger ventaja de nuestras debilidades como padres y dominar nuestra vida sentimental y matrimonial. Una mujer que es madre primero es cuando es madre soltera.

Debemos de saber cuándo ser madre y cuando ser mujer, son dos cosas muy diferentes y no se deben mezclar una con la otra. Ser mujer te ayuda a mantener tu matrimonio fuerte y ser madre te ayuda a quedar bien con tu hijo, tu escoges cual ser pero no lo mezcles. Un día tu hijo se ira y tu esposo será el que estará a tu lado para siempre si así tú lo decides. ¿Quién estará contigo en tu vejez, será tu pareja o tu hijo? Piensa bien las cosas antes de actuar, somos mujeres inteligentes, demostrémoslo con nuestros actos. Yo ahora con este nuevo trabajo de cuidar ancianos he visto muchos ancianos que dieron su vida por sus hijos y ahora están solos sin nadie que los cuide, ¿Dónde están los hijos de esos ancianos abandonados en un asilo?.... Sus hijos los pusieron en un asilo de ancianos porque están tan ocupados que no pueden atender a sus padres enfermos, o cualquiera que sea la razón no vamos a culpar a esos hijos por lo que hicieron, mejor culpemos a esos padres que le dieron el lugar al hijo primero que a su pareja pensando que su hijo iba a estar con ellos para cuidarlos siempre. Tus hijos siempre serán tus hijos pase lo que pase pero tu esposo no siempre va hacer tu esposo, eso depende de cuánto tú lo valores y lo cuides.

Es lindo ver parejas de ancianos unidos hasta que la muerte los separe, ver cuando uno se muere primero que el otro y el compañero o compañera que quedara vivo se muere de tristeza al ver que perdió el amor de toda su vida. Eso son cosas que en este tiempo ya no se ven y es por falta de entendimiento entre las parejas, un divorcio no es la solución, mas sin embargo un divorcio es la ventana de que más problemas vengan acontecer en tu vida, como por ejemplo, hijos rebeldes, mas fracasos con parejas que tengas intentando ser feliz, hasta puedes perder la cuenta de cuantas parejas has tenido buscando el hombre perfecto o ideal y tu vida no cambio, ni va a cambiar, sino que ira de mal a peor. Las heridas se van abriendo más cuando uno tiene más fracasos en la vida y más son las decepciones. Melvin fue mi segundo esposo ya yo avía tenido un primer matrimonio antes de casarme con él y fue un fracaso total, es por eso que pensé y medite que el problema no está en lo que veo a mi alrededor, el problema está en mi al igual que lo tiene que estar en ti. Solo hay una manera de cambiar nuestra vida y esa manera aunque la sabemos nos cuesta reconocerla, el problema somos nosotras mismas y tenemos que hacer algo nuevo y diferente para cambiar nuestra manera de vivir.

Siempre que la mente y el cuerpo de nosotras escucha la palabra cambio hay un rechazo en nosotros mismos y una pelea interior muy grande, nuestra naturaleza no acepta un cambio, no queremos cambiar, pero tenemos que saber que si no hemos sido felices es porque algo está mal en nosotras y debemos de cambiar. Debemos de ver la vida diferente, para ser feliz no hace falta tener dinero, allá a fuera hay millonarios suicidándose y usando drogas, porque son más infelices que nosotros mismos. La verdadera felicidad esta en uno mismo. No busques la felicidad porque nunca la vas a encontrar. Aprende a hacer feliz a los demás y eso te hará feliz a ti mismo. La felicidad viene cuando menos la buscamos, solo uno cambiando y asiendo feliz a los demás conseguimos lograrlo, ¡Compruébalo y veras! Sé que estarás pensando yo asiendo feliz a los demás y que tal si ellos no lo agradecerán, te digo algo, no te vas a sentir muy feliz asiéndolo pero luego veras sus frutos. Hay un dicho muy cierto que dice lo que uno siembra hoy lo cosechara mañana, ahora te pregunto; ¿que tu estas sembrado? Así es que llega nuestra felicidad sin tenerla que buscar, a según asemos a otros felices así nosotros seremos felices. Uno cosecha lo que siembra y nunca es tarde para cambiar.

Puedes que pienses que yo hecho para merecer esto, yo jamás hecho lo que me han hecho a mí. Te digo algo todos cometemos errores, unos más que otros y otros más que uno pero nadie es tan santo ni tan malo en esta vida. No sé si te has dado de cuenta que no todo es bueno en un trabajo, ni todo es malo, pues así es todo en la vida y en un matrimonio más. Si escribo esto es para que entiendas y pienses antes de casarte con quien vas hacerlo, porque de no ser así vas a empezar una vida de fracasos y desamores que te van a marcar para siempre. Pero mucho antes de echarte la soga al cuello piensa que cuando te cases tienes que pensar en hacer feliz a tu pareja, no te cases pensando en ser feliz porque jamás lo serás. No siempre se tiene lo que se quiere o lo que se desea en la vida. Uno es feliz cuando hace que otra persona sea feliz de otra manera no funciona. Si no te gusta lo que estás leyendo sigue de la misma manera que estás viviendo, un día cuando te canses te darás cuenta y volverás a leer este libro o te acordaras que tengo razón en lo que escribo porque no lo escribo por escribirlo lo escribo porque lo he vivido en carne propia. Muchas veces te iras a casar para ser feliz y seguirás fracasando, porque no estás viviendo la realidad o porque simplemente no quieres entender que cuando uno da lo mejor recibe lo mejor de la vida.

Es muy egoísta de nuestra parte pensar así y querer que las cosas sean a nuestra manera sin dar nada a cambio. En un matrimonio no es el cincuenta por ciento de uno que hay quedar sino el cien por ciento de uno, aunque el otro para ti solo este dando el diez por ciento o ni el mínimo, tu siempre debes de dar tu máximo en todo. Nadie puede ser feliz asiendo a la persona que supuestamente amamos infeliz o ¿tu si podrías serlo? Sabemos que pensando solo en nuestro bienestar y en nosotras mismas estamos sembrando mal y ese mal se nos vira en contra y en mucha infelicidad en nuestras vidas. El tiempo es el mejor amigo tanto para olvidar, como para sanar y también para darnos cuentas de nuestros propios errores. Yo aprendí de mis propios errores y todos los días aprendo más. La vida es una enseñanza, la vida es como una escuela, donde no todos pasan de grado solo los que estudian y deciden aprender pasan al grado superior. De los errores se aprende para mejorar y ser mejor persona y mejor ser humano. El que no aprende de sus errores seguirá en ellos, cometiendo cada día más y más errores. A mí me costó mucho aprender a reconocer mis errores y por esa razón tarde a ser feliz. Cuando uno reconoce los errores uno acepta que algo anda mal en uno mismo y hace lo imposible para cambiar. Les diré que no es fácil cambiar pero tampoco es imposible y lo más lindo es cuando uno ve sus frutos y se sonríe de sus errores pasados.

Es bueno que cuando te acuerdes de tus errores pasados te rías de ellos mismos y te perdones a ti mismo. Es muy importante creer en el perdón y perdonarte a ti mismo, el perdonarte te ayudara a sanarte por dentro y tu cambio será más rápido y fácil de hacer. También es importante que si sabes que heriste a tu pareja te disculpes con el inmediatamente y si puedes le compras una postal que diga que sientes haberle herido u ofendido, estos son muchos de los detalles que te pueden ayudar a mejorar y cambiar tu matrimonio a uno lleno de paz, tranquilidad y felicidad. Yo aconsejo a las personas que no les guste pedir perdón o que les cueste por alguna u otra razón que lo escriban en una carta o una postal y se la entreguen a sus parejas. Muchas de las parejas fracasan porque nunca pidieron perdón y la mía fue una de esas, porque muchas veces el orgullo puede más que las personas y que el amor y déjame decirles una cosa, hay muchos divorcios que se divorcia porque ellos prefirieron divorciarse que pedirse perdón. Por eso yo les exhorto que cambiemos que dejemos ese orgullo que no deja nada bueno, al contrario nos trae mucha desgracia a nuestra vida y cambiemos para ser unas esposas más sutiles y comprensivas con nuestros esposos que tanto amamos y queremos.

En este libro me estoy reflejando más en las mujeres porque yo soy una mujer pero también los hombres pueden hacer lo mismo, aquellos hombres que lean este libro y saben que el problema está en ellos, es necesario que hagan un cambio y verán luego los nuevos resultados.

Capítulo 5

El Sexo es una de las más grandes pasiones e importancia en la vida de las parejas y en el matrimonio. Muchas de las mujeres tememos entregarnos por completo a nuestras parejas por el miedo de que ellos piensen mal de uno y no debería de ser así. El sexo se izó para disfrutarlo en una pareja de dos, aunque muchos de nuestros esposos a veces tienen fantasías de invitar a una tercera persona no debería de permitirlo, ya que de dos es un matrimonio y trae muchos problemas, ¡imagínate siendo tres! Jamás va a funcionar el matrimonio si invitan a una tercera persona, el matrimonio es de dos y así es como único va a funcionar. Las terceras personas solo pueden traer más problemas y discordias en el matrimonio, así que si usted o su marido tienen una fantasía así es mejor que no lo hagan porque eso les va a traer serios conflictos en la vida de ambos y luego que pasa no hay manera de volver atrás para arreglar algo que está ya roto, ni el mejor remiendo va arreglar esa costura rota.

Para disfrutar plenamente en el sexo lo mejor sería que hablaran de que les gusta y que no les gusta y así llegar a un acuerdo entre ustedes. Respetar al esposo o esposa es muy importante, no es bueno hacer algo que le desagrada a tu pareja. Melvin y yo siempre hemos disfrutado muy bien del buen sexo, hacemos planes antes de llegar a la casa, nos tiramos mensajes de testo muy atractivos para preparar el momento. También es bueno planear una sorpresa con tu pareja y sorprenderlo o sorprenderla. Es muy importante que se siembre el amor en la pareja, nunca uses la excusa de que se enfrío mi matrimonio porque como él no me buscaba yo tampoco lo busque. El orgullo no sirve de nada en un matrimonio, recuerda que tu pareja no debe ser igual a ti, es bueno que siempre allá una persona más caliente que la otra. El gusto por hacer cosas diferentes en el amor tiene que siempre existir, cuando te canses de buscar a tu pareja cojéelo como un descanso para ti, no busques peleas, no pienses que el té rechaza porque tiene otra persona, solo quédate en silencio, el silencio muchas veces dice más que mil palabras. Es bueno darle espacio a tu pareja no todo es sexo en la vida. Un matrimonio de muchos años juntos no necesita estar todos los días teniendo sexo, se pueden cansar o aburrirse. Lo normal de una pareja de años juntos es de 2 a 3 buenos sexos en una semana, cuando digo buenos no es de 5 minutos, es sacar un momento especial para hacer el amor sin prisa. Los sexos rápidos son buenos siempre y cuando no lo cojan de rutina. La rutina muchas veces es lo que aburre o cansa en la pareja, así que mujer trepa tú también de vez en cuando o búscate un libro de posiciones que buen uso les van a dar ambos.

Sacar tiempo para hacer el amor con tu pareja ayuda mucho en la relación, es bueno los rapiditos pero no todo el tiempo, lo mejor es hablar no de cosas del diario o del trabajo, hablar de cómo te gustaría que te lo haga esta noche etc....un masaje en la espalda, darse besos es muy excitante para encender la pasión. Mi esposo Melvin y yo nos hemos entregado al arte de hacer el amor, nos exploramos cada rincón de nuestros cuerpos, buscamos cosas que nos ayuden a que ese momento sea muy especial para ambos. Cuando hagas el amor hazlo siempre para complacer a tu pareja y también para complacerte a ti. Es de suma importancia que los dos queden complacidos y hace falta el momento antes de la acción, en especial para las damas que tanto nos tardamos en llegar al éxtasis. Que te parece un buen masaje, usar aceite y polvos, prender velas del olor que a ambos les gusta, es muy rico y ayuda bastante en el amor. Otras veces es bueno jugar con hielos, hacerse cosquillas, jugar con plumas, si les gusta pueden usar vibrador o juguetes sexuales, todo eso ayuda a estimular y a despertar el amor entre ambos. Lo mejor que pueden hacer como pareja es no cansarse de buscarse el uno al otro, si él se cansó no te canses tú y búscalo. Hay un dicho que dice; "si Mahoma no viene a mi yo voy a Mahoma".

Hay miles de parejas que tienen problemas serios y de salud para poder tener un sexo placentero a los cuales les aconsejo buscar ayuda profesional. El doctor o psicólogo les dirá que usar y que hacer en esos casos especiales. El hombre por lo general es muy testarudo para aceptar cuando el canario se le murió, pero tu mujer anímalo para que vaya a buscar ayuda y no lo ha acomplejes porque si lo haces el nunca ira. Nosotras las mujeres sabemos cómo convencer al hombre para que busque ayuda. Para la mujer que no sepa cómo hablarle a su esposo yo le pido que lo haga con amor y con mucha preocupación, los chistes en ese momento vienen sobrando, es mejor sentarse y hablar seriamente del problema que les afecta sexual y lo más importante es nunca darse por vencido para todo hay una solución en la vida.

En el caso de nuestros ancianos que les puedo decir, solo sentarse a recordar buenos tiempos. Mis abuelos disfrutaron del buen sexo siempre y eso es algo admirable. Cuando existe enfermedades en alguno que afecta el área sexual es cuando más tenemos que apoyar a nuestra pareja tal y como nos gustaría que nos apoyaran a uno mismo. Muchas de las personas buscan excusas para ser infieles, pero yo les digo que para ser infiel la mejor escusa es ninguna. La persona que va hacer infiel teniendo mucho sexo o poco sexo siempre será infiel porque ya hay muchos que lo tienen de costumbre, pero la persona que verdaderamente ama a una persona jamás le es infiel y sabe soportar la espera y busca una solución. Todos sabemos que el sexo es bueno pero que solamente dura de 5 a 30 minutos, quizás más o quizás menos, pero lo que uno siembra sea bueno o malo es lo que dura por la eternidad.

Muchos matrimonios no pueden soportar una infidelidad y se divorcian, por eso es muy importante pensar antes de actuar. Lo más inteligente es que si tú no amas a tu pareja lo mejor es separarte, pero si verdaderamente la amas lucha por ese amor y busca ayuda rápido antes de que sea demasiado tarde. El verdadero amor no se muere ni envejece, el verdadero amor permanece para siempre y supera todos los obstáculos que se le presente y un matrimonio que se ama siempre va a vencer todos los obstáculos en la vida. Un matrimonio unido es como un nudo de dos vueltas muy difícil de soltar.

Capítulo 6

Lucha por su hombre de cualquier serpiente que se le quiera arrimar...Las mujeres son como las serpientes y en la calle hay muchas mujeres buscando un matrimonio feliz para destruirlo, ¿tú que vas hacer? Yo defiendo con mucho cuidado y sabiduría a mi matrimonio.

Defiende tu matrimonio contra viento y marea y contra quien sea. No dejes que otra te quite el hombre al cual as amado y cuidado en toda tu vida. Si tú le lavas la ropa a tu esposo también prepárate a ensuciarla con el...., si tú le planchas la ropa a tu marido, que sea contigo que el la estruje. No le entregues el trabajo que tanto te acostado formar con tu familia a ninguna otra mujer. Prepárate a pelear por el hombre que amas, no con guantes de boxeo, pero si con mucha sabiduría y astucia.

Cuando yo digo que las mujeres son como las serpientes es porque es verdad, les diré que una mujer en busca de placer sabe y conoce que los hombres son muy débiles de mente, que no son como nosotras las mujeres que podemos tener control de nosotras mismas (a veces) y esas serpientes saben que los hombres tienen cien hormonas que le trabajan en su celebro y que tan solo el noventa y cinco de esas hormonas es pensando en el sexo y ahí está la debilidad más grande de los hombres y es por donde las serpientes atacan a los hombres casados para destruir le su matrimonio. Esas serpientes buscan provocarlos usando vestidos sexys, también le hablan suave, le aceptan todo, hacen todo lo que el hombre les pida hacer, son mujeres sumisas, no pelean, no discuten, no son exigentes, no son dominantes, no son celosas, los escuchan sin opinar, le dan placer cada vez que a ellos se les antoja etc.…ahora te pregunto; ¿quieres ser esposa o amante? Yo escogí ser las dos y te voy a explicar el porqué; yo escogí ser esposa en la responsabilidad de ser yo quien lave su ropa, limpie sus suciedades, se levante conmigo, se acueste conmigo y ser su única heredera el día que el fallezca…como también escogí ser su amante para que el me trate con pasión, con amor y me compre todo lo que a una amante le compran sin ellas tener que aguantar su mal carácter y obligaciones de esposa. Dejarle el camino libre a una amante es para las mujeres que no son inteligentes, yo les corto la cabeza a todas las serpientes que se le acercan a mi marido, pero con amor y sin que nadie se dé cuenta.

Las mujeres deben saber cómo luchar sin pelear ni mover ni un dedo para defender lo suyo y para eso se necesita de sabiduría y mucha astucia. Lo primero que deben hacer es tratar a su esposo muy bien y darle mucho cariño y afecto. Lo segundo es decirle todos los días cuanto tú lo amas y por ahí empezar como si fueran novios como la primera vez que se conocieron y tratar de sembrar el amor y la comprensión todos los días. Luchar por tu esposo es como iniciar una guerra. Aprovecharte de la ventaja que tú como esposa tienes en esa guerra, pero recuerda tu rival va estar del otro lado esperando que tu desistas y te canses de pelear, pero tú no dejes de pelear esa guerra hasta que sea ella la que desista y no tu siempre firme sin rendirte. Hay veces que esas mujeres no saben que el hombre es casado pero muchas de ellas no les importa que ellos sean casados, solo van a la conquista y ahí tenemos que tener mucho cuidado y mantenernos de lejos sin que nuestros esposos se den cuenta de que los estamos vigilando para que ninguna de esas serpientes los vengan a picar con el veneno de la traición.

No descuidar a tu esposo, ni dejar que el amor se enfríe es una tarea difícil y más si tienen hijos y los dos trabajan. Trata de sacar siempre tiempo para estar con tu esposo y sembrar el amor, así como sacamos tiempo para comer, para bañarnos, así también saquemos un tiempo para estar con él. Es muy difícil dividir el tiempo de familia, de esposa y de amante, pero no es imposible, nosotras podemos mantener el amor y cultivarlo, propóntelo y hazlo como una rutina en tu vida y veras que te ira muy bien en tu matrimonio. No es bueno esperar a que venga una serpiente para tratar a tu esposo bien, mejor hazlo todo el tiempo y así no tendrás problemas en el futuro, que no vaya a ser que te duermas y te confíes demasiado y luego sea muy tarde para conquistar a tu esposo y lo pierdas porque otra venga y te lo conquiste.

Lo bueno sería no tener rutinas en el matrimonio, traten de salir en pareja solos dejando los niños cuidando con alguna persona de su confianza, también si tienen hijos salgan juntos en familia a divertirse. Salgan de paseo aunque sea una vez al mes en pareja para divertirse eso nos ayuda a sembrar el amor y hacerlo más fuerte. Salir a cenar también puede ser buena idea, pero para el que no tenga dinero pueden salir al parque o a un sitio de recreación, también les diré que lo mejor es alquilar una película, comprar palomitas de maíz y sentarse juntos o en familia, es muy bueno y ayuda a sembrar el amor en su relación como pareja. Para los hombres amantes al deporte, siéntate a su lado y comparte con el su programa de deporte o cualquier programa favorito que a él le guste aunque a ti te desagrade as un esfuerzo y velo con él. Trata de complacer a tu esposo en el sexo ayuda bastante a que el amor de ambos crezca como pareja. Hablar y hacer planes juntos para el futuro es muy bueno y ayuda bastante. Hacer cosas juntos ayuda a cultivar el amor, (sin tener que obligarlo o que se sienta obligado a ir) como; ir al gimnasio, cocinar juntos, ir de compras etc...Lo mejor que se te venga en la mente que a él le guste hacer (aunque a ti no te guste) hazlo porque si no va a venir una serpiente y por ahí va a conquistar a tu marido por la parte que tú no quieres hacer con él, sabiendo que a él le gusta mucho que tú lo hagas. Por tantas razones es bueno que se mantengan comunicados como pareja, un día él te complace a ti y otro día tú le complaces a él y así se ponen juntos de acuerdo y ninguno se sentirá mejor o peor que el otro.

A mi esposo Melvin le encanta ver mucho la televisión y aunque a mí no me gusta ver tanto la televisión, yo como una mujer sabia lo hago y veo que eso a él le agrada y me siento tan feliz hacerlo ya que veo que estoy sembrando el amor con el de esa manera. Yo vivo para hacer a mi esposo feliz y de esa manera yo soy muy feliz viendo que él es feliz junto a mi lado. El que ama hace feliz al prójimo y si no es así no es un amor verdadero. No te canses nunca de hacer el bien, as el bien sin mirar a quien, es mejor dar que recibir. El que siembra, solo es falta de paciencia, de espera y con el tiempo verán sus frutos.

Capítulo 7

Cuando uno se casa con una persona viciosa es lo más terrible que le puede pasar a una persona. Dicen que el vicio del alcohol y de drogas son los vicios más malos que pueden existir y tienen mucha razón, mas sin embargo hay otros vicios que son peores y nadie los ve tan malos, como por ejemplo, el vicio del juego, el vicio del comprador impulsivo, el vicio de limpiar la casa o el auto, el vicio de comer, el vicio de ver televisión en especial novelas, también el vicio de este siglo que es el de Internet por el cual miles de parejas se están divorciando en este mundo, hay que dejar esos vicios que ya sabemos que pueden con el tiempo destruirnos y destruir al que esté a nuestro lado sea tu pareja o a tus hijos.

Es imposible vivir sin vicios, todos tenemos un vicio en la vida, pero sea cual sea nuestro vicio no podemos dejar que ese vicio nos destruya y destruya la vida de los que están a nuestro alrededor, como la vida de nuestra pareja en especial. Como dice un dicho para todo hay tiempo, pero no es verdad, porque hay muchas personas que el tiempo no les da para hacer todo lo que tienen que hacer en el día. Sea cual sea nuestra situación y nuestra vida de ajetreada tenemos que sacar siempre el tiempo de compartir diariamente con nuestra pareja y con nuestros hijos. Compartir con nuestra pareja es de mucha importancia, porque así vamos a cultivar el amor. Debemos de siempre sacar el tiempo para decirle te amo a nuestra pareja y dialogar con él o con ella y preguntarle cómo le fue su día y como nos fue a nosotros también en nuestro día.

Parece tonto pero es bien importante de siempre sacar tiempo para conversar con nuestra pareja. Jamás prefieras compartir el tiempo de ver tu novela con tu pareja o programa favorito, aunque a él le guste también el mismo programa eso no es tan bueno como conversar los dos de quince a veinte minutos diarios y luego pueden ver su programa favorito. Si tu marido es de los hombres que no les gusta conversar debes de tratar de convencerlo tú a que lo haga o poniéndole temas que le atraigan como ejemplo; amor hoy todo el día estuve pensando en ti. Siempre que conversen juntos no necesariamente tiene que ser en un sillón los dos mirándose, eso sería súper aburrido y a nadie le gusta estar todos los días en un sillón hablando. Trata de que esos quince a veinte minutos sean divertidos, por ejemplo; en el cuarto mientras él o tú se cambian la ropa, por teléfono "en caso de que ambos sean muy ocupados", en el carro si andan juntos, en un restaurante etc., tu escoges el momento de cuando hacerlo y NUNCA converses haciendo muchas preguntas como una abogada y menos en forma de discusión, que sea una conversación sana y satisfactoria para ambos.

En el día Dios nos dio veinticuatro horas, ocho horas para trabajar, ocho horas para dormir y las otras ocho horas podemos hacer lo que se nos dé la gana, planifica tu día diariamente para que no tengas escusa de sacar unos quince a veinte minutos para compartir con tu pareja como mínimo si es que en verdad lo amas. Volviendo al tema que empezamos de los vicios y que sabemos que todos son muy malos y traen consecuencias muy serias en nuestra vida y en nuestra familia si es que hay hijos de por medio, ¿porque mejor no tratamos de dejarlos y buscar ayuda? Sabemos que si el vicio es de drogas o alcohol necesitamos de un profesional para poder dejar esos vicios tan tremendos que perjudican nuestra salud y bienestar de la familia, hay centros de ayuda muy buenos para empezar a dejar los vicios que pueden ayudarnos mucho, yo en lo personal recomiendo los centros cristianos, en mi opinión son los mejores. Lo que son los vicios como el de comer, el del Internet o ver demasiada televisión podemos dejarlo fácilmente uno mismo, solo pongamos de nuestra parte y ya verás cómo vas a ver que el mundo a tu alrededor cambia y mejora tu relación con tu pareja y veras que tus hijos van a estar más unidos a ti y el amor va a reinar en ustedes como familia.

De excusas está hecha la vida y siempre buscamos una excusa para justificarnos y salir del problema ilesos, pero sabemos que en nuestro interior si podemos hacer algo para que el problema del vicio que tengamos cambie. Por ejemplo mi esposo Melvin le gustaba ver novelas y a mí me gustaba estar metida en la Internet y eso eran dos cosas que nos separaban y que iban enfriando y matando nuestro amor poco a poco y cuando uno se va dando cuenta es muy tarde para remediar el daño. Pero gracias le doy a Dios que Melvin y yo nos dimos cuenta de que esos dos vicios que teníamos nos estaban separando y enfriando nuestra relación como parejas. No fue fácil tomar la decisión para dejar nuestros vicios, porque ni él ni yo queríamos cambiar y mucho menos dejar de hacer lo que tanto nos gustaba hacer, pero un día conversando decidimos dejar todos los vicios o malas costumbres que teníamos. No fue de la noche a la mañana que dejamos nuestros vicios y malas costumbres, fue poco a poco y cada vez menos tiempo de lo que antes lo asíamos y les cuento que nos ayudó muchísimo en nuestra relación, tanto que ahora ya ni falta nos hace. Las malas costumbres como tirarse un pedo apestoso al lado de tu pareja son de mal gusto pero no es difícil de dejar, ahora se va al baño y todo en paz. Hay otras más malas costumbres que ustedes como pareja pueden dialogar y dejar, con paciencia y amor todo se puede lograr.

Si tú te quedas discutiendo y reprochándole lo que tu marido hace y él lo que tú haces sin ponerse de acuerdo los dos de dejar los vicios juntos, nada va a pasar de bueno, van a seguir peleándose toda la vida hasta terminar cada cual por su lado. Un nudo entre dos es más fuerte que uno solo. Yo pienso que este capítulo es uno de los más importantes capítulos que he escrito en este libro, ya que habla de estos vicios que nadie habla, ni se dan cuenta que destruye mucho la vida de la persona y del matrimonio de las personas sin darse cuenta. El vicio del Internet es como el cáncer va en silencio y lentamente va comiendo parte de ti y de tu tiempo hasta que se apodera de tu vida por completo y cuando tedas cuenta no hay remedio y estas atada a él, porque de hoy día hasta en el teléfono y donde quiera tenemos acceso al Internet y cada vez es más difícil de salir de él. Si queremos que nuestro matrimonio cambie y nuestra vida cambie, tenemos que dejar los vicios y cambiar. Recuerda hablarle con amor a tu esposo o pareja para que él o ella también los deje y demuéstrale que tú vas hacerlo por el bien de los dos. Te voy a dar un ejemplo si alguien te habla reprochándote tus vicios tu no le vas a escuchar porque lo estás viendo como un insulto asía tu persona, pues así tampoco lo hagas con esa persona a la cual amas, en este caso a tu esposo. Yo cuando medí cuenta de que era lo que nos estaba alejando como pareja me decidí hablar con él, pero cuando hable con él, empecé con mi problema primero para que el no sintiera que yo estaba atacándolo o empezando una discusión o pelea, yo le hable con amor y despacio y le dije, mi amor yo siento que al yo estar en el Internet por tanto tiempo no me estoy dedicando a ti y te estoy descuidando....luego por ahí vas hasta que a lo último le dices que también lo que él está haciendo los están separando. Recuerda una palabra blanda aplaca la ira.

Me acuerdo en muchas ocasiones cuando Melvin y yo discutíamos él quería irse a coger aire y yo no quería que él se fuera, yo se lo impedía parándome en la puerta. Cuando el hombre o la mujer llega a un límite de presión debe de irse a coger aire fresco fuera del ambiente donde se encuentra porque si no lo hace todo se puede complicar y pueden llegar a golpear a la otra persona y eso fue lo que exactamente ocurrió con nosotros, los dos nos dimos de golpes y nos empujábamos, mi esposo un día saco un cuchillo para el quitarse la vida, ese día sus hijos se despertaron y vieron todo lo que estaba pasando, cuando mire sus caritas les dije, váyanse a su cuarto pero ellos pensaban que él me quería matar, (porque como yo estaba aguantando le la mano para que él no se cortara su cuello los niños pensaron mal) y no se fueron, fue allí que Melvin desistió de cortarse el cuello y soltó el cuchillo y todo se calmó.

La ira siempre nos va a dejar marcas en nuestra vida y en la vida de los seres que más amamos. Yo pienso que para pelear se necesitan dos y si uno desiste, el que queda solo no podrá pelear con el mismo. Nuestros hijos muchas veces se afectan con nuestro comportamiento. Los padres son el ejemplo para los hijos seguir, los padres son el espejo de cada hijo, debemos de cuidar nuestro comportamiento siempre. En ese día que nuestros hijos nos vieron decidimos más nunca volver a pelearnos o discutir delante de ellos, es lamentable esperar que estas cosas pasen para uno darse cuenta que no está actuando bien frente a sus hijos. Melvin y yo ahora estamos más seguros que debemos de cuidar nuestro hogar y no cometer los errores del pasado. Hoy Melvin y yo amamos más a nuestros hijos que antes y hacemos hasta lo imposible por el bienestar de ellos.

Capítulo 8

Uno de los secretos más grandes que yo les puedo contar a todos ustedes que me ayudo cien por ciento en mi matrimonio con mi esposo Melvin fue buscar a Dios. Conocer a Dios y andar en los pasos de Jesús fue una de las cosas que me ayudo y nos ayudaron a Melvin y a mí para que este segundo matrimonio funcionara. La primera vez que Melvin y yo nos casamos nos conocimos en la Iglesia, él iba a una y yo iba a otra. Como la iglesia que Melvin asistía era la misma fraternidad que la mía, fue en uno de esos eventos en que todas las iglesias se reúnen en oración que nos conocimos. Lamentablemente éramos muy jóvenes en ese tiempo en que nos casamos que no entendíamos que Dios quería hacer algo muy grande y hermoso en nuestras vidas. Mi primer divorcio y estar sola en aquel profundo desierto fue lo que me ayudo a entender que los matrimonio provienen de Dios, que es una de las bendiciones más lindas que el ser humano puede hacer, ustedes dirán que estoy loca pero no, para mi es una bendición bien grande ser la esposa de un hombre tan maravilloso como lo es mi esposo Melvin. Tanto el como yo somos diferentes y esa diferencia es la que nos hace amarnos y unirnos cada día más.

Cuando uno es joven uno no entiende ni comprende muchas veces el propósito de Dios en la vida de uno. Uno cuando joven va a la iglesia porque sus padres le obligan o porque le gusta a alguien de la iglesia etc. En verdad no nos damos cuenta que lo que Dios une no lo separa el hombre, pero eso no es lo que vemos hoy día. Mucha de las cosas anteriores que yo les he escrito en este libro es uno de los más grandes secretos para mantener un matrimonio vivo y unido, pero lamentablemente pocos conocemos el plan de Dios en nuestro matrimonio. Si nos ponemos a leer la biblia podemos comparar los matrimonios de antes con los de ahora y ver como nuestros abuelos y bisabuelos duraban más en sus matrimonios y el secreto está en la tolerancia el uno con el otro y tener mucha paciencia. No es bueno uno actuar por su propio saber o querer, siempre hay que contar para todo con nuestra pareja. Dice un dicho que es mejor pedir perdón que permiso, pero yo te diré que es mejor pedir permiso que perdón, el decir es mejor pedir perdón que permiso es una de las maneras más egoístas, porque tú dirás eso pero no te gustaría que te lo hicieran a ti y para evitar problemas futuros es mejor pedir permiso en vez de perdón.

Hablando del perdón les diré que al conocer a Dios a prendí a perdonar a mi esposo, pero también aprendí a perdonarme a mí misma, muchas de las veces sabemos que tuvimos la culpa en algo y que algo hicimos mal y no queremos aceptarlo y eso no nos va a traer ningún beneficio, por esa razón les digo que es bueno aceptar sus errores y ver cómo mejorar en la vida y hacer el bien sin mirar a quien, y dejar de ponerle leña al fuego. Buscar al perdón y la sabiduría es una de las maneras más inteligentes que uno puede hacer y para tener sabiduría lo primero es el temor a Dios, pues les diré que cuando uno teme a Dios entiende cosas que antes no entendía y actúa diferente, sin rencores ni resentimientos.

Una de las cosas que me ayudo a entender más fue cuando empecé a leer la biblia, eso fue lo que me ayudo bastante a entender el propósito de Dios en mi matrimonio y en mi familia. Si el matrimonio está bien los hijos estarán bien, pero si el matrimonio está mal los hijos van a estar peor, eso es un mensaje que les doy a todas esas personas que en verdad quieren permanecer unidos para toda la vida como Dios así lo manda en su palabra.

Tú puedes ser una persona que no sigue ni busca a Dios, pero conoces lo bueno y lo malo, bueno pues a ti te diré que si buscas hacer lo bueno sabrás como lidiar con tu vida amorosa, pero un matrimonio sano y unido y lleno de paz solo lo da Dios. Un matrimonio con Dios tiene muchos tropiezos y obstáculos, ¡imagínate cuantos obstáculos tendrá uno sin Dios! No quiero que el que lea este libro piense que le estoy induciendo a una religión, porque no es así, todos pueden hacer con su vida lo que deseen hacer para eso Dios nos dio el libre albedrío, yo solo les cuento mi vida y mi historia aquí y lo que me funciono a mí en mi matrimonio y en mi vida a ser mejor persona. Hay muchas cosas que uno puede hacer para salvar su matrimonio, como buscar ayuda de pareja con un especialista..... Pero solo Dios da la paz y la confianza que es la que te ayudaran a seguir asía delante y no mirar tu vida pasada. El que no conoce a Dios, no conoce tampoco los planes de Dios en su matrimonio. Siempre que trates de empezar de nuevo sin Dios no vas a poder hacerlo, porque vas a estar completamente vacía y seguirás con una herida muy grande en tu corazón, solo Dios borra el pasado, solo Dios sana nuestras heridas, solo Dios me ayudo a comenzar de nuevo y a casarme por segunda vez con Melvin mi esposo, Solo Dios me ayudo a perdonar y a olvidar todo mi pasado y lo más importante que lo hice por mí, por mi paz y por mi felicidad junto al hombre que amo.

Muchas veces uno dice yo quiero ser feliz pero nunca he podido serlo, perdónate tú misma, perdona a los que te rodean en especial a ese amor que te traiciono y veras como vas hacer la mujer más feliz del mundo. Perdonando tendrás paz en tu alma, en tu vida y con todos los que te rodean. Date una oportunidad en la vida de empezar de nuevo en cero y veras como va a cambiar tu vida para bien. Si hoy tú dices no puedo volver atrás y recuperar lo perdido, pues mira para delante y busca un nuevo amor pero esta vez limpia sin rencores del pasado y sin nada en tu mente que te haga dudar de que esta vez será como las demás anteriores. Un secreto para dormir mejor no es ir a un psicólogo por pastillas depresivas, el secreto para dormir mejor es estar bien con los demás y perdonar. Perdonar te llenara de una paz increíble, ¿el que no tiene paz tú crees que vive tranquilo? Así mismo es el que no perdona va llenando su corazón de cosas malas y eso va destruyendo a las personas por dentro asiéndolas muy infelices en el amor y en todo lo que hagan en su vida, yo antes era una persona que decía: yo perdono pero no olvido…y eso no es perdonar, perdonar es confiar cien por ciento en la persona que te fallo y es bien difícil hacerlo porque a mí me costó mucho tiempo para olvidar, pero yo digo que el que perdona y no olvida todavía no ha perdonado.

Mira para olvidar hay dos cosas que ayudan, una es el tiempo y la otra es querer hacerlo.
Hay personas que ni con el tiempo olvidan y por esa razón viven toda su vida amargados, pero hay otro tipo de personas que queremos perdonar o que sabemos que nosotros también hemos fallado y a según nos gustaría que nos perdonaran también debemos de dar ese perdón y esa confianza a la persona que nos falló. Igualmente el que cree en Dios y a él le pide el perdón pero no sabe perdonar, no le sirve de nada, esa persona solo es egoísta porque quiere que lo perdonen y no quiere perdonar a nadie. Un consejo que les doy

a todos los que se encuentren en depresión o enfermos es que el perdonar a todo aquel que te ha hecho mal u ofendido te ayudara a sanarte de todas las enfermedades o traumas que tengas en su vida sentimental y sentirás una paz increíble. Si se te hace bien difícil perdonar pero quieres hacerlo, ora a Dios y pídele que te ayude a perdonar y él te dará la dirección y te enseñara como hacerlo, así como lo hizo conmigo también lo hará contigo.

Hoy yo puedo decir que tengo paz, que tengo amor, porque aprendí que el perdón me hace más fuerte que el odio y que el rencor. Yo antes era una persona muy rencorosa y si perdonaba no olvidaba, eso es una etapa por la cual todos pasamos, pero no nos lleva a ningún lado, al único lado al que no lleva el odio y el rencor es al camino de los celos, de las contiendas y jamás vamos a poder ser feliz con nadie, ni aun con nosotros mismos seremos felices. Yo antes me escondía detrás del odio y del rencor porque pensaba que si yo perdonaba eso haría que las personas me vieran como una persona débil y por eso yo no quería perdonar, porque también pensaba que podían abusar de mi las demás personas y hoy me doy cuenta lo gran equivocada que yo estaba porque ahora que se perdonar me siento más fuerte y con el valor de hablar claro a todos mirándole a la cara sin tener que sentirme avergonzada por nada y eso me da valentía y fuerzas y vivo completamente feliz, voy a todos lados sin pensar en que allá me puedo encontrar a una persona que detesto o que no me cae bien, ahora me siento libre de ir y venir a todos lados sin resentimientos, ni rencores y el que me odie que me aguante porque ahora yo voy a saludarlo y a molestarlo dándole mi mejor sonrisa porque soy feliz perdonando y no amargándome la vida con nadie.

Capítulo 9

Enamórate todos los días de tu pareja, no veas sus defectos, mira sus virtudes y diles cuanto agradeces a Dios de ser su esposa. No descuides tu apariencia. No trates de ser perfecta porque todos cometemos errores, se tú, se natural y siempre pon en tu boca palabras positivas que traigan la paz a tu matrimonio. Una mala respuesta se resuelve con una buena y positiva respuesta ¡NUNCA LO OLVIDES!…cualquier cosa puede ser motivo de discusión es mejor evitar las malas palabras y aprender a expresarse mejor y saber cómo decir las cosas y cuando decirlas es bien IMPORTANTE. Callar te ayudara a pensar mejor como resolver los problemas, pero no calles cuando algo te esté molestando porque eso no te va ayudar en nada, usa bien las palabras y con mucho respeto dilas. Una cosa es pensar como pedirle o decirle algo a tu esposo y otra es que él te allá herido u ofendido y callar. Los problemas de diferencias o de malos entendidos es bueno que se resuelvan diarios. No acumules cosas en tu corazón para luego descargarlas todas en un día, porque eso te va a traer muchos problemas con tu esposo, yo antes era así y eso me hizo mucho daño a mí. Cuando uno sigue acumulando cosas malas que la pareja le hace a uno se llena de rencor, uno va pareciendo un museo de tantas cosas que guarda en su corazón. Basta de parecer un museo despojémonos de tantas cosas que solo a nosotras nos hace vivir infelices y resolvamos todo lo que nos molesta y viviremos mucho mejor. El que acumula muchas cosas en su corazón se enferma es mejor resolverlas o si no puedes resolverlas perdona y olvida.

Cuando tengas un día malo o un día difícil, ve y acuéstate a dormir y no te las desquites con tu pareja o con tus hijos, porque nadie tiene la culpa del mal día que has tenido y al otro día cuando te levantes te sentirás mejor para resolver cualquier situación que hayas pasado. Muchas veces lo que planeas no sale como quieres, no hagas muchos planes es mejor improvisar y te saldrá mejor que lo planeado. Muchas veces yo hice muchos planes pero nunca salían como los había planeado, yo ahora no hago planes solo pienso lo que quiero hacer y lo hago y sale mucho mejor que planear algo y que salga mal, así me evito pasar malos ratos y vivir mejor.

Amar a tu pareja y pedir perdón es sumamente importante. No esperes cargarte para reprocharle a tu esposo en un día todas las ofensas que él te ha hecho en un año. Es mejor ser sinceros con nuestras parejas todos los días y si algo no le gusto a uno decirlo de inmediato y no guardarse nada por dentro, porque eso nos va hacer daño por dentro y no vamos a poder ser feliz. No parezcas un museo, deja las cosas viejas en el pasado y vive tu presente y se feliz. No sé si te has puesto a mirar lo bien que viven las personas que le han hecho un mal a uno y uno que no ha hecho ningún mal vive infeliz, pues te diré que es hora de cambiar y ser feliz por el bien que hemos hecho a nuestro prójimo. Si uno no ha hecho ningún mal ¿porque uno va a estar triste y quedarse pensando en lo que le han hecho a uno? Se feliz pensando y sabiendo que aunque te fallaron tu hiciste lo correcto, nunca te arrepientas de haberle hecho el bien a alguien porque solo los que hacen el mal son los que tienen que arrepentirse y muchos de ellos no lo hacen y ¿porque tu haciendo el bien te vas arrepentir de haber hecho el bien? ¡Jamás lo hagas!

Amate a ti misma y lo que quieras hacer hazlo, no esperes ni para mañana, ni para el año que viene para hacer algo que quieras hacer. Vive el día de hoy como si fuera el último, pero vívelo responsablemente no como una loca o un loco. Cuando te digo que vivas el día de hoy quiero decirte que si hoy quieres decirle a tu pareja te amo se lo digas no esperes a otro momento porque tal vez ese momento nunca llegue…siempre que hagas el amor con tu pareja disfrútalo como si fuera el ultimo todos los días que lo hagan, porque pueden venir momentos muy escasos que no puedas disfrutarlo como querías hacerlo antes. Ama a tu pareja así mismo como te amas a ti mismo, pero nunca lo ames más que a ti, porque en el matrimonio la balanza siempre tiene que estar de igual peso para ambos lados. Da sin esperar nada a cambio que con el tiempo veras sus frutos y podrás disfrutar de ellos.

La humildad te va ayudar mucho en tu vida sentimental, porque con egoísmo y orgullo no se llega a ningún lado. La humildad ayuda a que tu pareja te empiece a valorar, no hay nada mejor para que te den ese valor que tanto mereces cuando eres humilde y buena con él. Una cosa bien importante es NUNCA coger las cosas personal, cuando eso ocurre la persona se ofende fácilmente y eso trae muchas discusiones entre las parejas. Trata de sobre llevar las cosas sumisamente, ver con buenos ojos y reírte de vez en cuando. No seas ni tan seria ni tan risueña porque para todo hay su momento, pero para ser sería mejor sonríe eso te ayudara a verte más joven. Recuerda que las cosas que nos pasan en la vida es debido a nuestros actos, si sabemos escoger bien con quien nos vamos a casar nos va a ir bien, pero si no sabemos escoger bien y nos asemos tercas y escogemos solo porque es guapo o porque me gusta o por lo que sea, ya sabes que las cosas no van por un buen camino y vas a fracasar en tu vida matrimonial. Cuando quieras enamorarte, enamórate con la cabeza y los pies en el suelo "inteligentemente' usa la inteligencia y la conciencia que nunca nos miente, no te enamores con el corazón, porque el corazón nos ciega y no deja que podamos ver sus defectos o problemas que esto nos venga a traer en el futuro. Antes de casarte piensa bien con quien vas hacerlo para que luego no te arrepientas.

Cambiar el carácter malo, el mal genio y controlar nuestras hormonas no es un asunto fácil. Nosotras las mujeres el día que tenemos las hormonas regadas o descontroladas sea porque nos va a llegar el periodo o sea porque algo no salió como queríamos que saliera, o porque nos levantamos por el lado izquierdo de la cama y todo nos molesta, no significa que nos la vamos a desquitar con nuestro esposo, hijos o mascotas de la casa, debemos de aprender a conocer nuestros cuerpos, aprender a controlarnos y saber manejar esos días tan difíciles de trabajo. Amigas no es fácil yo hasta con el perro de mi casa peleaba, pero he aprendido a controlarme y a avisarle a mi esposo que hoy no me siento muy bien, para que el entienda y respete mi espacio, al igual él hace lo mismo conmigo, el me deja saber cuándo él no se siente bien y juntos los dos respetamos ese espacio que queremos en ese momento. Sería bueno que cuando nos sentimos mal nos tratemos de hacer algo para relajarnos, un baño con espuma o agua caliente nos ayuda a relajarnos mucho, también coger aire fresco afuera de la casa, correr, caminar, respirar hondo. Traten de hacer algún deporte o entretenimiento que les sirva de terapia para sacar el coraje o la energía que por naturaleza llevamos dentro y así viviremos mejor y en paz con los demás. Amate y ama lo que hagas, ríe y llora cuando sea necesario, pero nunca dejes de disfrutar lo que haces y de buscar siempre la armonía y la paz con los demás, eso te hará sentirte bien contigo misma.

María Delgado

Mi esposo y yo amamos todo lo que hacemos, nos reímos juntos, pocas veces lloramos y nos ayudamos mutuamente a levantarnos que es lo más importante. Nuestro matrimonio ha pasado por muchas crisis muy fuertes y difíciles de perdonar, pero todo lo hemos podido superado, gracias a Dios.

Luego que este libro sea publicado hare una biografía completa de mi vida y verán por qué soy la persona que soy hoy, también sabrán por muchos problemas que pase y sufrimientos con detalles de mi vida. Yo no quiero que piensen que esto es un libro de historia con un final feliz, yo lo que quiero es que piensen que somos personas igual a ustedes y que pudimos superar todos los obstáculos que se nos presentaron y nos separaron a mi esposo Melvin y a mí, pero que juntos pudimos superarlos todos. También quiero que sepan ustedes que si se puede ser feliz en un matrimonio, no porque la felicidad viene de una persona que esté a nuestro lado, sino porque la felicidad viene de uno mismo, viene de adentro de nuestro ser.

 Esto que yo escribo en este libro lo practico todos los días en mi casa con mi esposo e hijos, porque yo sé que el día que yo me canse de hacer estas cosas mi matrimonio se vendrá al piso y yo no deseo que eso pase. Esto no es un libro solo para que ustedes vean lo que yo hice para mantener mi matrimonio, este libro me ensena a mí misma día a día lo que está mal o bien en mi para no volver a cometer mis mismos errores del pasado, y aunque no lo crean lo leo cada vez que puedo, para que nunca se me olvide lo que tengo que hacer para no perder el amor de mi esposo y para mantenerlo a mi lado en una relación sana y saludable por el resto de mi unión con él. Yo espero que también a ustedes los casados le vayan muy bien y mejoren para bien de sus vidas en parejas y puedan llegar a entenderse y amarse sobre todas las cosas y superen sus complejos y perjuicios que tanto daño nos hace a nuestra vida sentimental.

María Delgado

Capítulo 10

Casarse por segunda vez fue una decisión bien difícil para tomar, porque no podemos negar que existen muchos miedos y dudas que se nos presentan en nuestra mente, como una pelea interior y eso no permite que continuemos y mucho menos que nos reconciliemos con nuestra ex pareja. Para mí fue muy difícil tomar la decisión de volverme a casar con mi esposo por segunda vez, pero a pesar de que era difícil de tomar a la misma vez quería hacerlo, era como un reto para mí misma que me iba a demostrar si en verdad lo había perdonado. Yo al igual que todas las mujeres pensamos así "quien te quiere en serio te lo demuestra" y que mejor demostración que escuchar de tu hombre la palabra "quiero casarme contigo", los hombres no lo entienden porque piensan muy diferente a nosotras, para los hombres la palabra matrimonio o casamiento significa "atadura" y ¿a quién le gusta estar atado? Creo que a nadie le gusta ni sentir la sensación de estar atado a alguien o a alguna cosa, es realmente terrible esa palabra para los hombres, porque aunque ellos no lo digan les da miedo el fracaso y perder cosas materiales.

Mi esposo Melvin cada vez que le ponía el tema de casarnos por segunda vez le aterraba, él tenía sus miedos de que si en verdad esto iba a funcionar o no. Poner el tema de matrimonio era una discusión de seguro, pero yo por mi lado no sabía si en verdad quería casarme o solo ver la reacción de mi esposo cada vez que se lo proponía. A veces solo él me decía; si casémonos (pero era de la boca para fuera) y otras veces me decía; para que si estamos bien así, esa indecisión me confundía, en verdad me hacía sentir muy mal. Me venían pensamientos que me decían, él no te ama, porque si te amara se casaba contigo.

Un día pare a pensar....y me pregunte; ¿tan mala fui yo como esposa que ahora solo me quiere de novia? Bueno son muchas cosas que uno se pone a pensar pero al final descubrimos que son tonterías, son cosas que las mujeres siempre podemos pensar de nuestra pareja, porque nos gusta sentirnos siempre amadas y nos gusta tener siempre la atención de nuestros maridos, pero no debe de ser así. A medida que pasa el tiempo y maduramos como persona nos damos cuenta de que todas esas cosas son boberías y con el tiempo vamos reflexionando. Yo con el tiempo reflexione y entendí por qué mi esposo se sentía de esa manera y hoy día me arrepiento de haberlo presionado de esa manera. Nosotras muchas veces asfixiamos a nuestros maridos con cosas que no tienen valor, aunque para la mujer el matrimonio significa mucho, eso no quiere decir que tenga el valor suficiente de romper una relación por el hecho de que él no ha tomado la decisión de casarse contigo. Aunque la iglesia y la biblia lo diga, tenemos que ser pacientes para que sean ellos los que tomen la decisión en casarse con nosotras sin que se vea forzosa la decisión. Solo déjale saber a él desde un principio lo importante que es casarte para ti con él y espera que con el tiempo si él te quiere lo hará.

Les puedo decir que hoy día yo entiendo por qué mi esposo lo pensó mucho para casarse conmigo y aunque mede un poco de vergüenza aceptarlo es verdad. Yo no había cambiado lo suficiente para que el creyera que podía tomar esa decisión conmigo. Vuelvo y les repito como le he dicho en los anteriores capítulos y les seguiré diciendo hasta el final del libro, "uno tiene que cambiar primero para que la otra persona también cambie y haga lo que tu tanto esperas o deseas que el haga". Entonces entendí por qué él no había tomado esa decisión tan rápido como yo esperaba que él lo hiciera. Si alguna vez te pones en el lugar de la otra persona eso te va ayudar a entender más a la persona que está a tu lado, si nunca lo haces por tu soberbia será imposible de que algún día entiendas a los demás. Cuando mi esposo vio mi cambio, fue ahí que el empezó a ver sus errores y a cambiar el mismo.

Ahora yo mucho antes de hacer algo y tomar una decisión siempre procuro ponerme en el lugar de la otra persona y de esa manera se si va el aceptar o no la decisión que voy a tomar. Si yo sé que a mi esposo no le va a gustar lo que voy hacer mejor no lo hago, aunque me digan que me tienen dominada, no me importa lo que piensen los demás, yo no hago lo que yo sé que a mi esposo le molesta. Cuando pensamos que lo sabemos todo y queremos hacer lo que nos dé la gana, ahí es cuando no sabemos nada y tenemos que parar y pensar si eso que vamos hacer en contra de la voluntad de nuestra pareja vale la pena y saber que asiendo eso podemos perder nuestro matrimonio. Muchas cosas malas pasan en la vida de las parejas y una de esas es por no pensar bien antes de actuar, si lo que vamos hacer vale más que la vida que tenemos en ese momento con nuestra pareja ¡hagámoslo!.. Pero si no, ¿para qué vamos hacerlo?

¿Te gustaría casarte con una persona que quiera hacer lo que le da la gana sin contar contigo? Y ¿te gustaría casarte con alguien que no te respete? Esa son las dos preguntas claves para un buen matrimonio, sin obediencia ni respeto no se llega a ningún lado, a según a uno les gustan esas cosas también hay que saberlas dar a su pareja. Muchas de las veces queremos recibir y recibir pero... ¿Porque nos cuesta tanto dar? ¿Sera nuestra naturaleza o por el ego que cada uno lleva por dentro? A nadie le gusta la obediencia, si fuera así Adán y Eva no hubiesen pecado en el edén. A veces tenemos la respuesta y sabemos lo que tenemos que hacer pero no lo hacemos. ¿Porque para hacer el bien nos cuesta mucho más trabajo que para hacer el mal? Así de complicado es el carácter del ser humano, es una lucha mentar y dentro por hacer el bien o el mal que cada uno lleva y elige que hacer y luego se ven sus frutos, frutos de fracaso o frutos de bendiciones. Aunque nadie hable o lo diga con tan solo uno ver cómo están sus vidas uno sabe qué decisión fue la que tomo.

Nunca esperes que tu pareja cambie primero que tú, cambia tu primero. Eso fue lo que yo tuve que hacer, me olvide de decirle a Melvin que se casara conmigo, me dije con el carácter que yo me cargo creo que ni yo misma querría casarme conmigo misma. Así que decidí ponerme a cambiar y coger las cosas con calma. Entonces las peleas cesaron, ya no discutíamos con el tema de casarnos, se me quito la tristeza que yo tenía pensando que él no me quería, empecé a quererme un poco más, me vestí de dignidad y espere por el momento a que el tomara la decisión de volvernos a casar. Estuvimos casi cuatro años conviviendo sin casarnos Melvin y yo. El día menos esperado el vino y me dijo: vamos a casarnos mi amor, yo no lo creí me quede como si nada, El me lo siguió repitiendo día con día, pero yo estaba bien incrédula y le dije; pues si es así vayamos a buscar los papeles al "City Hall". Y luego de que yo le dije eso el acepto de ir a buscar todo lo que necesitábamos para casarnos...pero con todo y eso yo seguía dudando, era algo tan raro para mí que no lo podía creer lo que me estaba pasando y no quería ilusionarme o

María Delgado

tener falsas esperanzas y me quede por eso muy tranquila y en silencio, solo hablaba lo necesario.

Para mi sorpresa él y yo madrugamos al día siguiente y fuimos juntos e hicimos juntos todos los transmites para el casamiento. La persona que nos tocó nos preguntó que si antes habíamos sido casados con otra persona que teníamos que buscar el record de todos los casamientos que habíamos tenido y fuimos y lo buscamos. Caminamos mucho por el edificio buscando y comprando los sellos y demás cosas que íbamos a necesitar para nuestro segundo matrimonio. Luego tuvimos que hacer una fila para sacar la fecha del día de la boda y ni idea teníamos, como todo había sido tan rápido ni sabíamos el día que queríamos casarnos. Le dieron a escoger a mi esposo unos días que ellos tenían disponibles pero cuando escogimos el día que ellos nos dieron a escoger ahí nos dijeron una mala noticia. La mala noticia fue que ellos no nos daban la seguridad de que en ese día nos iban a poder casar porque ellos en ese día iban a estar casando a muchas parejas y estaba bien difícil que nos casaran… yo creo que todos habían escogido casarse el mismo día porque estaba todo bien lleno.

En el "City Hall" le dieron un teléfono a mi esposo para que llamara a sacar una cita para la boda, pero corríamos el riesgo de que los papeles y los sellos del casamiento se expiraran y perdiéramos la oportunidad de casarnos por segunda vez. Fue difícil sacar una cita antes que los papeles se expiraran pero al final lo logramos, fue como un milagro, casi en el último momento de expirarse los papeles nos estábamos casando Melvin y yo.

Luego de tanta demora y tensión llego el día de nuestra boda, nos vestimos y tuvimos que ir en transporte público porque en el centro de la ciudad es muy difícil conseguir donde parquear el auto y en los parqueaderos era muy caro. Yo con mis tacos altos y bien bonita vestida me fui con mi esposo Melvin tomados de las manos caminando a casarnos, caminamos mucho y hasta corrimos para llegar a la corte central donde nos íbamos a casar, para colmo ese día estaba lloviendo y hasta nos mojamos un poco pero no nos importó. Luego llegamos y vimos otras parejas que iban a lo mismo y esperaban su turno para casarse, yo con los nervios ni sé que numero hicimos pero cuando nos llamaron nos hicieron preguntas de que si estábamos bien seguros de casarnos y dijimos; Si, lo estamos. Luego la juez nos puso uno de frente al otro y nos izó repetir a ambos el mismo ritual de siempre…luego la juez pregunto por los anillos de matrimonio y que yo recuerde no teníamos pero nosotros habíamos guardado unos viejitos que se veían bien para la ocasión y esos fueron los que usamos ese día para casarnos. Mucha de las veces hacemos planes para una boda perfecta hacemos muchos gastos para tener todo nuevo, cuando en realidad no estamos preparados para casarnos y ni sabemos si ese matrimonio va a funcionar bien.

Yo pienso que para una boda no importa como sea pobre o rica, para mí lo primordial es que ambos estén bien seguros de la responsabilidad y de la decisión que están tomando en ese momento. La vida es una y hay que disfrutarla dicen muchas de las personas, pero uno solo no la disfruta tan bien como cuando uno está acompañado de la persona a la que ama y respeta. Muchas personas viven con el miedo pensando, cuando estuvieron casados no funciono su matrimonio, mas ahora viven mejor sin casarse, otros dicen;

uno dura más sin casarse que estando en casamiento...todas esas cosas son mentiras o una máscara que la gente usa para protegerse y no enfrentan sus miedos al matrimonio o simplemente porque no quieren cambiar de vida y viven sin casarse haciendo lo que a ellos mejor les parece. La gente podrán hablar muchas cosas sobre el matrimonio, pero el derecho que ese papel les da a las parejas es mucho más valioso cuando uno de los dos muere. Un papel para uno no significa nada pero para una corte o un tribunal si vale y mucho. Los papeles en cualquier lado hablan por sí solos. Nadie cree que tú naciste en Puerto Rico o en otra parte del mundo sin ver un papel que muestre evidencia. También ese papel significa un valor muy grande en la vida de los que verdaderamente se aman y se respetan como lo es en mi caso.

Cuando la jueza termino de hablar las responsabilidades de cada cual y nos tocaba darnos el beso, aunque solo había un testigo (testigo que no conocíamos), la jueza y nosotros dos, estábamos tan nerviosos tanto como si fuera la primera vez que nos estuviéramos casando, pero la jueza se nos quedó mirando esperando que nos diéramos el beso.... y ahí nos miramos de frente y nos dimos el beso tan esperados. Hasta hoy me dura el sabor de ese beso que medí allí frente a la jueza con el hombre que tanto amo. De ahí en adelante entendí que uno se puede casar una, dos, tres o todas las veces que uno quiera pero solo una vez ama a un hombre como yo he amado a mí esposo Melvin. También aprendí amarlo de una forma diferente y eso lo hace feliz a él y me hace feliz a mí también. Como ustedes pueden recordar en los capítulos anteriores, que dije, cuando uno se casa para hacer feliz a la persona que amas, hace que tú también lo seas, porque no hay nada mejor que le haga a uno feliz que el hacer feliz al ser que tanto uno ama y ese es el secreto de un matrimonio feliz.

Para terminar les diré por qué uno nunca encuentra la felicidad porque la felicidad se siembra para luego cosecharla... la felicidad NO se busca, ella llega sola, cuando sabemos perdonar, cuando hacemos el bien sin mirar a quien y cuando sabemos dar amor a los demás, sin esperar nada a cambio, ahí es que llega nuestra felicidad solita sin buscarla. Con esto me despido hasta mi próximo libro, les deseo mucha suerte, mucha prosperidad y felicidad en sus vidas. Un fuerte y cariñoso abrazo para todos de mi parte.

Agradecimientos

Agradezco al Dios todo poderoso por darme la salud y la Fortaleza de escribir este libro para bendición de todo el que lo lea. También agradezco a mi esposo Melvin Cruz por el amor que me ha dado en estos preciosos años que hemos estado juntos y por entenderme y hacerme la mujer más feliz del mundo. Agradezco a mis hijos Melvin Junior Cruz, Génesis Sierra, Melanie Cruz y Héctor Cruz por ser unos hijos tan maravillosos, respetuosos y obedientes con su papa y conmigo. También agradezco a mi madre por darme la vida y por ser la mujer que soy hoy, gracias mami por ser tan buena conmigo te amo... Un saludo a mis hermanos Diocleciano, Abel, Rodenit y Adán los amo mucho con todo mi corazón. Un saludo a mi suegra, y a mi cuñada. Un saludo a mi padre Diocleciano Delgado y un fuerte abrazo. Un saludo a todos mis amigos y amigas de la iglesia por todo el apoyo incondicional que siempre me brindan. Unos saludos y un enorme agradecimiento a todos los que leyeron este libro, se les quiere y gracias por comprar mi libro, no se olviden de escribirme a mi correo electrónico para más consejos. Un saludo para todo el mundo que me quiere y al que no me quiere también muchos saludos, los quiero un abrazo para todos.

Dios me los bendiga siempre.

Printed in the United States
By Bookmasters